海堂 이광희 선생의

산송역수와
생활 풍수

海堂 이광희 선생의
산송역수와 생활 풍수

발행일	2016년 8월 26일

지은이	이 광 희		
펴낸이	손 형 국		
펴낸곳	(주)북랩		
편집인	선일영	편집	김향인, 권유선, 김예지, 김송이
디자인	이현수, 이정아, 김민하, 윤미리내	제작	박기성, 황동현, 구성우
마케팅	김회란, 박진관, 오선아		
출판등록	2004. 12. 1(제2012-000051호)		
주소	서울시 금천구 가산디지털 1로 168, 우림라이온스밸리 B동 B113, 114호		
홈페이지	www.book.co.kr		
전화번호	(02)2026-5777	팩스	(02)2026-5747

ISBN 979-11-5987-137-5 03180(종이책)   979-11-5987-138-2 05180(전자책)

이 도서의 국립중앙도서관 출판예정도서목록(CIP)은 서지정보유통지원시스템 홈페이지(http://seoji.nl.go.kr)와
국가자료공동목록시스템(http://www.nl.go.kr/kolisnet)에서 이용하실 수 있습니다.
(CIP제어번호 : CIP2016020718)

성공한 사람들은 예외없이 기개가 남다르다고 합니다.
어려움에도 꺾이지 않았던 당신의 의기를 책에 담아보지 않으시렵니까?
책으로 펴내고 싶은 원고를 메일(book@book.co.kr)로 보내주세요.
성공출판의 파트너 북랩이 함께하겠습니다.

海堂 이광희 선생의

이광희 지음

산송역수와
생활 풍수

처세와 운명에 관한 알기
쉬운 역술 지침서

북랩 bookLab

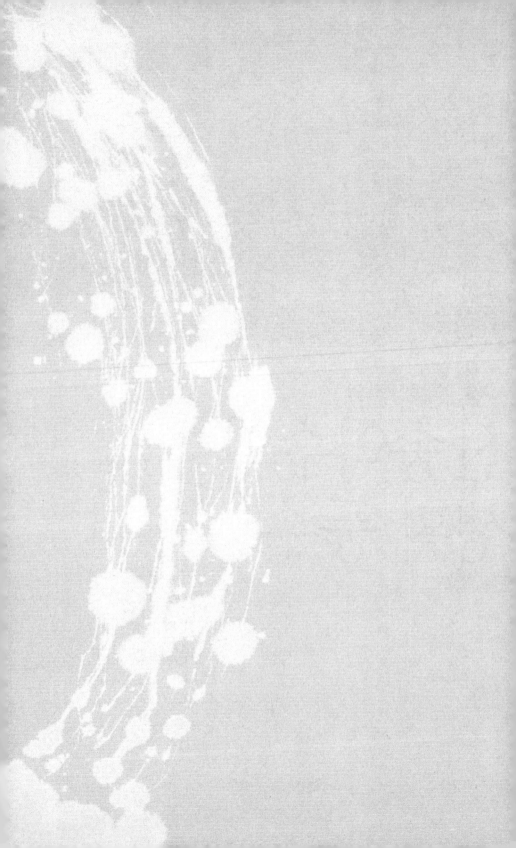

시작하며

동양철학에서는 입춘(立春)을 기준으로 신년(新年)을 가린다. 즉 해가 바뀌어 1월 1일이 되어도 입춘이 되어야 새해가 왔다고 보는 것이다.

지난 1월 29일 입춘을 며칠 남기고 19대 국회의원들과 타 역술단체 회장이 여의도 국회의원회관에서 대규모 굿판을 벌였다. 이는 2016년 병신년(丙申年) 국운(國運)을 위한 것이라고 하나 실은 질서를 어지럽히고 나라의 위험에 빠뜨리는 무속 행위에 지나지 않는다.

부적과 굿은 아무런 소용없는 부질없는 짓에 불과하다. 어려움에 빠진 사람들의 마음을 이용하여 부당이득을 취하고 있는 것이 바로 부적이고 굿이다. 그 종이 한 장이 솔직히 무슨 힘이 있겠나…!

본인도 역술인이지만 굿을 하여 좋은 일이 일어나고 안 좋은 일은 막을 수 있다면 내가 제일 먼저 했을 것이다. 본인이 20만

역술인을 대표 할 수는 없지만 참으로 안타깝고 미안한 마음이 크다.

이제 역술인은 스스로 자신의 위치를 깎아내리는 그런 사기 행각과 다를 바 없는 부적과 굿을 일절 중지해야만 한다. 특히 굿은 아주 심각한 문제다. 부적은 비싸야 몇십만 원이고 보통 몇만 원이 고작이다. 어려움에 처해 있는 사람들이 몇만 원으로 마음에 안정을 찾고 심리적인 작용으로 인해서 마음이 편안해진다면 솔직히 나쁘다고 볼 수 없으며 부적 자체로는 아무런 작용을 할 수 없지만 심리적인 요소가 작용하므로 병원 가서 진찰 받고 돈 쓰는 것보다 더 적게 든다면 해 볼 만하다.

그저 몇만 원이라면 말이다. 그러나 굿은 최소 몇 백 단위에서 많게는 몇 천만 원까지 하는 고가의 행위다. 어려움에 처해 있는 사람이 굿을 해야만 그 어려움에서 나올 수 있다고 말을 듣는다면 밤에 잠도 안 오고 결국은 빚을 내서라도 하게 되는데 해도 아무런 효과가 없어 오히려 몸과 마음이 더 큰 상처를 받게 되는 것이 문제인 것이다.

예로부터 나라가 망하기 전에는 꼭 술사들을 모아 대규모의 굿을 했다. 그 가장 큰 예로 로마를 통치했던 네로 왕이 그랬고 구한말 명성황후가 대규모의 굿판을 벌여 나라의 재정을 파탄시키고 결국은 암울한 끝을 맞이했다.

뿐만 아니라 역사를 보면 수많은 나라가 멸망하기 전에는 이런 대규모 미신행위를 했던 것을 우린 잘 알고 있다. 과거 이런 일들이 있었음에도, 대한민국에서도 실제로 그것도 국회의원회관에서 벌어졌고 이 이야기를 듣고도 솔직히 내 귀를 의심했다. 하지만 설마라고 생각했던 내 예상이 보기 좋게 어긋나는 것은 물론 각종 언론에서 보도되고 인터넷에 기사가 크게 난 것을 보고는 경탄을 금할 수가 없었다.

어쩌다 대한민국이 여기까지 왔는지 참으로 걱정이다. 역술은 예부터 우리 조상들이 기근이 있으면 헤쳐 나가고 어려울 때 크게 도움을 준 천문학이자 통계학이다. 결코 미신이 아니다.

이런 우리의 옛 전통문화를 바로 알고 올바르게 접근해야 할 것이며 순수한 학문으로서 더욱 연구하고 계승 발전해 나가서 우리 삶의 질을 더 높일 수 있도록 많은 관심을 가져야 할 것이다.

또한 앞에서 언급했던 것처럼 역술인들은 어려움에 처해 있는 사람들을 올바르게 인도하고 역술인으로서 부끄러운 행동은 하지 말아야 역술인의 위상이 바로 서며 그래야만 사람들이 역술인을 단순한 점쟁이로 취급하지 않고 존경하며 학자로 우러러볼 것이다.

끝으로 2016년에는 많은 분이 어려워도 이겨내고 좋은 기운이 상승할 때까지 참고 인내해서 좋은 일이 많이 일어나기를 기원한다.

차례

역의 팔십일괘 (易의 八十一卦)

산송역수의 구성(山松易數의 構成)

팔신론(八神論)

주역의 총론(周易의 總論)

육수발동(六獸發動)

변효작용(變爻作用)

실관중요론(實觀重要論)

육친생성 과정(六親 生成 課程)

팔십일괘(八十一卦)의 풀이

실관임상론(實觀臨床論)

풍수지리

산송역수를 위한 이론

| 2016년 국운(國運)을 점(占)치며

민족 대명절 설날. 명절이기도 하지만 음력(陰曆)으로 2016년 1월 1일이 되는 날이다. 물론 동양철학은 입춘(立春)을 기준으로 하기에 양력 2월 4일에 벌써 병신년(丙申年) 새해가 이미 들어왔고 2015년에는 특히 나라에 많은 일이 있어 2016년은 과연 어떨까 싶은 마음에 국운을 점쳐 봤는데 결코 좋은 운(運)은 아니었다.

우선 상반기에는 산천대축(山天大畜)의 괘(卦)가 나와서 많은 움직임과 더불어 경제도 크게 상승 폭을 보이지만 하반기에 들어서는 내괘(內卦) 이효(二爻)에 퇴신(退身)이 되었기 때문에 상반기만 반짝할 뿐이지 오히려 전체적으로 봤을 때는 마이너스 성장이 예상되고 2016년에도 서민들의 한숨은 그치지 않으리라고 본다.

또한 음양(陰陽)과 오행(五行)의 조화가 올바르지 못하고 문서(文書)와 손(孫) 즉 자손(子孫)으로 인한 어려움이 예상되므로 나라는 문서로 인한 고충과 저출산 또는 세월호 사건과 같은 일들이 다시 벌어질 수 있으므로 각별히 주의를 해야만 하고 청소년과 어린아이들에게 더 많은 관심을 가지지 않으면 결코 좋지 못할 것이다.

그리고 산천대축(山天大畜)의 괘(卦)가 하반기에는 산화비(山火費)로 바뀌었다. 산화비(山火費)란 괘(卦)의 뜻을 풀어보면 기도하라는 뜻으로 해석한다. 즉 하반기에는 온 국민이 나라를 위하여 합심해 기도하지 않으면 곤란을 겪을 수 있다는 말이 되기도 하는데 왜 그런가 보았더니 관에 문제가 있어서다.

관(官)은 정부를 뜻하며 외측(外側) 정부는 대한민국이 아닌 해외(海外) 여러 나라를 의미한다. 그러나 그중에서도 우리와 내외(內外)로 나뉘어 있는 나라는 북한이라고 볼 수밖에 없고 북한의 관(官)에 육수(六獸) 백호(白虎)가 있으므로 아주 흉(凶)하다.

따라서 크나큰 도발이 예상되기 때문에 대한민국 정부는 북한의 도발에 맞서 빠르고 강력한 대응으로 나라와 국민의 안전을 확보해야 할 것이다. 더불어 동쪽 가까운 나라와 합(合)이 이루어져 있으니 지도상으로 일본을 의미하는 바가 크다. 그래서 일본과의 외교는 순조롭게 양국(兩國)이 협력하여 좋은 방향으로 나갈 것이 예상된다.

마지막으로 앞에서도 언급한 북한의 도발에 관한 것이다. 앞으로 한국 정부는 예전의 햇볕정책, 또는 화해의 분위기와 같은 것을 바라면 결코 안 될 것이다. 그 이유는 북한의 관(官)이 상효(上爻)에 있기 때문인데 상효(上爻)는 맨 위에 있는 것이다.

　이는 간단하게 말하면 더 이상 갈 곳이 없다는 것을 의미한다. 그야말로 갈 데까지 갔다는 말이고 백호가 위치하기 때문에 피의 도발이 멀지 않았음을 예견하고 있다. 백호 즉 야생의 호랑이는 아무리 배가 고파도 죽은 고기는 먹지 않는다.

　다시 말해서 먹이를 사냥해서 굶주린 배를 채운다는 것이고 반드시 피를 본다는 것이다. 북한이 이와 똑같다고 보면 맞다. 그러므로 대한민국 정부는 더 이상 북한 측에 속아 넘어가서는 안 된다.

　4월에 있을 총선이 얼마 남지 않아서 그런지 몰라도 요즘 국회의원 후보들의 명함을 쉽게 자주 받는다. 그 명함에 나와 있는 약력의 학벌을 보면 국내 일류대학은 물론이고 그 따기 힘들다는 미국의 학사, 석사, 박사학위 소지자들이 상당수다. 이렇게 똑똑한 사람들이 왜 정치만 하면 어리석은 마법에 걸리는지 이해하기 참으로 어려운 일이다. 아무쪼록 2016년은 2015년보다 힘든 한 해가 될 것으로 예상되므로 정부와 국민이 더욱 단결하여 난국을 슬기롭게 헤쳐 나가야 할 것이다.

주역과 육효(周易과 六爻)

육효(六爻)를 논하려면 역(易)의 기원(起源)으로 거슬러 가야 설명이 가능해진다. 그럼 역은 무엇이고 어떻게 생겨났을까? 역은 지금으로부터 약(約) 육천 년 전 태호복희씨(太昊伏羲氏)가 용마하도(龍馬河圖)로서 팔괘(八卦)를 만든 것이 최초다.

그 후 주(周)나라의 문왕(文王)이 이 법(法)을 받아 신구낙서(神龜洛書) 의(義)를 풀이해서 후천팔괘(後天八卦) 그리고 육십사괘(六十四卦)를 창안(創案)하여 괘사(卦辭)를 만들었는데 이때 역(易)의 체계가 확립(確立)된 것이다.

역(易)은 원래 음양(陰陽)의 원리에서 생긴 까닭에 양(陽)의 상징인 일(日)과 음(陰)의 상징인 월(月)을 상하(上下)로 상형(象形)해서 역(易)이라 하였으며 음양(陰陽)의 동정(動靜)으로 오행(五行)과 사상팔괘(四象八卦)가 생겨났고 이를 주나라 때 만들어졌다 하여 주역(周易)이라 부르게 된 것이다.

또한 이러한 것을 다시 문왕(文王)의 둘째 아들인 희단(熙旦)이 부친의 도(道)를 이어 일괘(一卦)를 육효(六爻)로 구성(構成)하여 삼백팔십사괘(三百八十四卦)를 만들어 냈으며 송나라의 후손이자 대성인 공자(孔子)께서 집대성(集大成)한 것이 육효의 시초이다.

태극설(太極說)

태초(太初)에 우주가 창조되기 이전에 아무것도 없던 진공(眞空)상태를 무극(無極)이라 하며 어떠한 합(合)도 없는 무(無)의 상황을 일컬어 말한다.

이러한 상황에서 일기시생(一氣始生)하여 무(無)에서 유(有)가 되어 일기(一氣)에서 음양(陰陽)으로 나뉘어 이기(二氣)가 되고 양의(兩儀)가 되어 동정(動靜)의 조화가 이루어지니 우주만물(宇宙萬物)이 창시(創始)된 것이다.

음양설(陰陽說)

어떤 하나가 심한 충돌에 의해 둘이 된 것을 음양(陰陽)으로 보면 맞을 것이다. 다시 말하자면 무(無)에 유(有)가 존재(存在)되어 이것이 어떠한 힘의 작용으로 하나에서 서로 다른 둘이 되었다고 보면 된다.

이 때문에 비로소 서로 다른 요소(要素)가 되어 음양(陰陽)으로 구분을 짓게 되었으며 크게 나누면 암컷과 수컷이라 할 수 있고 안쪽이 있으면 바깥쪽 있고 위가 있으면 아래가 있고 낮이 있으면 밤이 있고 플러스가 있으면 마이너스가 음양(陰陽)이라 할 수 있다.

▍팔괘설(八卦說)

팔괘(八卦)는 건(乾), 태(兌), 이(離), 진(震), 손(巽), 감(坎), 간(艮), 곤(坤) 여덟 가지를 뜻하는 것이고 무(無)에서 유(有)가 되어 음양(陰陽)인 둘이 되고 둘에서 다시 양의(兩儀)가 생기어 사상(四象) 되었고 사상에서 다시 둘로 나뉘어 팔괘(八卦)가 된 것이다.

즉 태극(太極)이 동(動)하여 양(陽)이 생기고 정(靜)하여 음(陰)이 생기는바 음양(陰陽)이 변합(變合)하여 사상(四象)이 생기면서 다섯 가지 기(氣)가 유행(流行)해서 육십사괘(六十四卦)가 된 것이다.

▍음양오행(陰陽五行)이란?

음양오행(陰陽五行)은 팔괘설(八卦說)에서 이미 이야기했듯이 음양(陰陽)이 변합(變合)하여 사상(四象)이 생긴 후, 다섯 가지 기(氣)의 움직임에서 만들어진 것인데 이를 목(木), 화(火), 토(土), 금(金), 수(水)로 각각 구분하여 그 기운을 다르게 보고 있는 것이며 사실상 음양과 오행은 하나가 아닌 과정에서 생기는 것이므로 음양오행(陰陽五行)을 하나로 묶어서 이야기하는 것보다 음양(陰陽)과 오행(五行) 각각 따로 이야기해야 맞다.

하지만 현재 많은 이들이 음양오행(陰陽五行)을 하나로 보고 있고 그렇게 말하고 있으며 무수히 많은 역학(易學) 서적에도 하나로 나와 있는 것이 현실이다.

▎산송역수(山松易數)란?

산송역수는 주역과 육효에 기본을 둔 학문으로써 음양의 법칙은 같으나 팔괘(八卦)의 팔궁(八宮)을 두어 그 괘(卦)를 육십사괘(六十四卦)로 만들어 점(占)을 치는 것과는 달리 구진법(九陳法)의 수(數)인 구(九)를 중심으로 구괘(九卦)와 구궁(九宮)을 두어 괘(卦)를 만들어 점을 친다.

또한 창시 배경은 지금의 명리학(命理學)보다 육효(六爻)를 중점적으로 연구하던 본인이 집에서 기르는 미니핀 강아지인 리오와 같이 승학산에 올라 큰 소나무 밑에 앉아서 경치를 구경하던 중 우연히 솔방울 하나가 떨어지는데 이 솔방울이 떨어진 것이 신기했는지 리오가 솔방울을 가지고 이리저리 굴리면서 놀기 시작했다. 그 순간 신문에서 읽은 자연 가습기로 솔방울을 이용한다는 기사가 생각이 나서 솔방울을 줍기 시작했지만 겨울이라 솔방울이 많지 않았고 비교적 상태가 좋은 것만 골라 놓아서 보니 아홉 개였다.

이때 구(九)라는 숫자에 무슨 의미가 있지는 않을까 생각이 들어 솔방울을 들고 소나무 밑에서 생각에 잠겼는데 갑자기 구진법에 대한 발상이 떠올랐고 그래서 구괘와 구궁을 만들어 낸 것이 바로 산송역수(山松易數)다.

▌간지(干支)

- 간지(干支)는 천간(天干)과 십이지지(十二地支)를 말한다.

- 위에서 말한 천간(天干)은 십간(十干)인 갑(甲), 을(乙), 병 (丙), 정(丁), 무(戊), 기(己), 경(庚), 신(辛), 임(壬), 계(癸) 이렇 게 열 가지로 되어있다.

- 십이지지(十二地支)는 십이지(十二支)인 자(子), 축(丑), 인 (寅), 묘(卯), 진(辰), 사(巳), 오(午), 미(未), 신(申), 유(酉), 술 (戌), 해(亥) 열두 가지로 구성되었다.

  보통 십이지수(十二支獸)라 하여 동물에 비유하기도 하며 사 람이 태어난 해에 그 띠로 해석한다. 예를 들어 을묘년(乙卯年) 에 태어났으면 토끼띠로 본다.

산송역수와 생활풍수

▎천간(天干)과 십이지지(十二地支)에 대입하는 오행(五行)

천간(天干)은 십간(十干)으로 갑목(甲木), 을목(乙木), 병화(丙火), 정화(丁火), 무토(戊土), 기토(己土), 경금(庚金), 신금(辛金), 임수(壬水), 계수(癸水) 이렇게 열 가지로 되어있고 같은 오행(五行)인 앞에 오는 것은 양(陽)이며 뒤에 오는 것이 음(陰)이 된다.

십이지지(十二地支)는 십이지(十二支)로 자수(子水), 축토(丑土), 인목(寅木), 묘목(卯木), 진토(辰土), 사화(巳火), 오화(午火), 미토(未土), 신금(申金), 유금(酉金), 술토(戊土), 해수(亥水) 이렇게 열두 가지로 구성되어 있다.

산송역수를 위한 이론

┃ 육십갑자(六十甲子)

　육십갑자라는 것은 십간(十干)과 십이지(十二支)를 순차적으로 짝을 지어 조합한 것으로 60개가 된다. 이때 십이지(十二支)가 더 많아서 각각 십간(十干)은 6회, 십이지(十二支)는 5회 순환한다.

갑자(甲子)	갑술(甲戌)	갑신(甲申)	갑오(甲午)	갑진(甲辰)	갑인(甲寅)
을축(乙丑)	을해(乙亥)	을유(乙酉)	을미(乙未)	을사(乙巳)	을묘(乙卯)
병인(丙寅)	병자(丙子)	병술(丙戌)	병신(丙申)	병오(丙午)	병진(丙辰)
정묘(丁卯)	정축(丁丑)	정해(丁亥)	정유(丁酉)	정미(丁未)	정사(丁巳)
무진(戊辰)	무인(戊寅)	무자(戊子)	무술(戊戌)	무신(戊申)	무오(戊午)
기사(己巳)	기묘(己卯)	기축(己丑)	기해(己亥)	기유(己酉)	기미(己未)
경오(庚午)	경진(庚辰)	경인(庚寅)	경자(庚子)	경술(庚戌)	경신(庚申)
신미(辛未)	신사(辛巳)	신묘(辛卯)	신축(辛丑)	신해(辛亥)	신유(辛酉)
임신(壬申)	임오(壬午)	임진(壬辰)	임인(壬寅)	임자(壬子)	임술(壬戌)
계유(癸酉)	계미(癸未)	계사(癸巳)	계묘(癸卯)	계축(癸丑)	계해(癸亥)

산송역수와 생활풍수

산송역수의 구괘(山松易數의 九卦)

구괘(九卦)의 구성 원리는 구괘(九卦)로서 건(乾), 태(兌), 이(離), 진(震), 손(巽), 감(坎), 간(艮), 곤(坤), 유(嚅)를 말하는 것이다.

① 건괘(乾卦) ☰

② 태괘(兌卦) ☱

③ 이괘(離掛) ☲

④ 진괘(震掛) ☳

⑤ 손괘(巽卦) ☴

⑥ 감괘(坎卦) ☵

⑦ 간괘(艮卦) ☶

⑧ 곤괘(坤卦) ☷

⑨ 유괘(嚅卦) ☴

구괘암기법(九卦暗記法)

첫 번째, 건괘(乾卦)는 ☰

삼 획이 모두 연결되어있으므로 건삼연(乾三連)이라 한다.

두 번째, 태괘(兌卦)는 ☱

삼 획 중 상괘만 끊어져 있으므로 태상절(兌上絶)이라 한다.

세 번째, 이괘(離卦)는 ☲

삼 획 중 중획만 끊어져 있으므로 이허중(離虛中)이라 한다.

네 번째, 진괘(震卦)는 ☳

삼 획 중 하괘만 이어져 있으므로 진하연(震下連)이라 한다.

다섯 번째, 손괘(巽卦)는 ☴

삼 획 중 하괘만 끊어져 있으므로 손하절(巽下絶)이라 한다.

여섯 번째, 감괘(坎卦)는 ☵

삼 획 중 중획만 이어져 있으므로 감중연(坎中連)이라 한다.

일곱 번째, 간괘(艮卦)는 ☶

삼 획 중 상획만 이어져 있으므로 간상연(艮上連)이라 한다.

여덟 번째, 곤괘(坤卦)는 ☷

삼 획이 모두 끊어져 있으므로 곤삼절(坤三絶)이라 한다.

아홉 번째, 유괘(矑卦)는 ☰

한 획이 삼등분으로 끊어져 아홉 개가 되어있으므로 유구절
(矑九絶)이라 한다.

산송역수와 생활풍수

구괘(九卦)의 수(數)와 소속

구괘(九卦)의 소속된 수(數)와 물상은 다음으로 본다.

1. 일건천(一乾天) –

   건괘(乾卦)는 수순(數順)이 一이고 천(天)은 하늘이다.

2. 이태택(二兌澤) –

   태괘(兌卦)는 수순(數順)이 二이고 못(澤)이다.

3. 삼이화(三離火) –

   이괘(離卦)는 수순(數順)이 三이고 불(火)이다.

4. 사진뢰(四震雷) –

   진괘(震卦)는 수순(數順)이 四이고 우레(雷)이다.

5. 오손풍(五巽風) –

   손괘(巽卦)는 수순(數順)이 五이고 바람(風)이다.

6. 육감수(六坎水) –

   감괘(坎卦)는 수순(數順)이 六이고 물(水)이다.

7. 칠간산(七艮山) –

   간괘(艮卦)는 수순(數順)이 七이고 산(山)이다.

8. 팔곤지(八坤地) –

   곤괘(坤卦)는 수순(數順)이 八이고 땅(地)이다.

9. 유구절(曘九絶) –

   유괘(曘卦)는 수순(數順)이 九이고 햇빛(曘)이다.

구괘의 궁과 오행(九卦의 宮과 五行)

1. 건(乾)과 태(兌)는 위치가 서북방(西北方)이니 금(金)이요,
   금궁(金宮)이 된다.
2. 진(震)과 손(巽)은 위치가 동남방(東南方)이니 목(木)이요,
   목궁(木宮)이 된다.
3. 감(坎)은 위치가 북방(北方)이니 수(水)요,
   수궁(水宮)이 된다.
4. 이(離)는 위치가 남방(南方)이니 화(火)요,
   화궁(火宮)이 된다.
5. 곤(坤)과 간(艮)은 서남(西南)과 동북(東北)을 칭하나
   곤(坤)은 땅(地)을 의미하고 있어서 토(土)요,
   토궁(土宮)이 된다. 간(艮) 역시 산(山)이라서
   땅과 흙을 의미하므로 토(地)이며 토궁(土宮)이 된다.
6. 유(嚅)는 위치가 남방(南方)이고
   햇빛이니 화궁(火宮)이 된다.

구괘의 의미(九卦의 意味)

1. 건(乾)은 높은 하늘을 의미하고
   만물의 근원이자 주제로 하는 뜻을 가지고 있다.

2. 태(兌)는 연못을 뜻하며
   편안함을 상징하며 기쁨을 뜻하는 의미를 가지고 있다.

3. 이(離)는 태양을 뜻하고
   불을 의미 하므로 따뜻하다는 의미를 가지고 있다.

4. 뢰(雷)는 우레를 뜻하고
   만물을 요동치게 하는 힘을 가지고 있다.

5. 풍(風)은 바람이니
   만물을 분산시켜 조화를 이루는 힘을 가지고 있다.

6. 감(坎)은 물이요, 비가 되니
   만물을 적셔주고 고갈을 해소하는 힘을 가지고 있다.

7. 간(艮)은 산이요 만물을 정지시켜
   안정시켜주는 힘을 가지고 있다.

8. 곤(坤)은 땅이라서 대지(大地)의 기운을 가지고 있다.

9. 유(曘)는 햇빛이라서 밝게 비추며
   환하게 보이는 기운을 가지고 있다.

역의 팔십일괘 (易의 八十一卦)

▎ 팔십일괘란?(八十一卦)

아홉 개의 궁(宮)의 구괘(九卦)가 상하(上下)로 짝지어져 모두
81괘가 되는 것이다.

산송역수와 생활풍수

상괘가 일건천으로 된 괘(上卦가 一乾天으로 된 卦)

상(上)	1(一)	괘(卦)	☰	중건천(重乾天)
하(下)	1(一)		☰	
상(上)	1(一)	괘(卦)	☰	천택이(天澤履)
하(下)	2(二)		☱	
상(上)	1(一)	괘(卦)	☰	천화동인(天火同人)
하(下)	3(三)		☲	
상(上)	1(一)	괘(卦)	☰	천뢰무망(天雷无忘)
하(下)	4(四)		☳	
상(上)	1(一)	괘(卦)	☰	천풍구(天風姤)
하(下)	5(五)		☴	
상(上)	1(一)	괘(卦)	☰	천수송(天水訟)
하(下)	6(六)		☵	
상(上)	1(一)	괘(卦)	☰	천산둔(天山遯)
하(下)	7(七)		☶	
상(上)	1(一)	괘(卦)	☰	천지비(天地否)
하(下)	8(八)		☷	
상(上)	1(一)	괘(卦)	☰	천유청(天曛晴)
하(下)	9(九)		☷☷	

상괘가 이태택으로 된 괘(上卦가 二兌澤으로 된 卦)

상(上)	2(二)	괘(卦)	☱	택천쾌(澤天夬)
하(下)	1(一)		☰	
상(上)	2(二)	괘(卦)	☱	중태택(重兌澤)
하(下)	2(二)		☱	
상(上)	2(二)	괘(卦)	☱	택화혁(澤火革)
하(下)	3(三)		☲	
상(上)	2(二)	괘(卦)	☱	택뢰수(澤雷隨)
하(下)	4(四)		☳	
상(上)	2(二)	괘(卦)	☱	택풍대과(澤風大過)
하(下)	5(五)		☴	
상(上)	2(二)	괘(卦)	☱	택수곤(澤水困)
하(下)	6(六)		☵	
상(上)	2(二)	괘(卦)	☱	택산함(澤山咸)
하(下)	7(七)		☶	
상(上)	2(二)	괘(卦)	☱	택지췌(澤地萃)
하(下)	8(八)		☷	
상(上)	2(二)	괘(卦)	☱	택유형통(澤嚅亨通)
하(下)	9(九)		☷	

산송역수와 생활풍수

상괘가 삼이화로 된 괘(上卦가 三離火로 된 卦)

상(上)	3(三)	괘(卦)	☲	화천대유(火天大有)
하(下)	1(一)		☰	
상(上)	3(三)	괘(卦)	☲	화택규(火澤睽)
하(下)	2(二)		☱	
상(上)	3(三)	괘(卦)	☲	중이화(重離火)
하(下)	3(三)		☲	
상(上)	3(三)	괘(卦)	☲	화뢰서합(火雷噬嗑)
하(下)	4(四)		☳	
상(上)	3(三)	괘(卦)	☲	화풍정(火風鼎)
하(下)	5(五)		☴	
상(上)	3(三)	괘(卦)	☲	화수미제(火水未濟)
하(下)	6(六)		☵	
상(上)	3(三)	괘(卦)	☲	화산려(火山旅)
하(下)	7(七)		☶	
상(上)	3(三)	괘(卦)	☲	화지진(火地晋)
하(下)	8(八)		☷	
상(上)	3(三)	괘(卦)	☲	화유열(火曘熱)
하(下)	9(九)		☰	

상괘가 사진뢰로 된 괘(上卦가 四震雷로 된 卦)

상(上)	4(四)	괘(卦)	☳	뢰천대장(雷天大壯)
하(下)	1(一)		☰	
상(上)	4(四)	괘(卦)	☳	뢰택귀매(雷澤歸妹)
하(下)	2(二)		☱	
상(上)	4(四)	괘(卦)	☳	뢰화풍(雷火豊)
하(下)	3(三)		☲	
상(上)	4(四)	괘(卦)	☳	중진뢰(重震雷)
하(下)	4(四)		☳	
상(上)	4(四)	괘(卦)	☳	뢰풍항(雷風恒)
하(下)	5(五)		☴	
상(上)	4(四)	괘(卦)	☳	뢰수해(雷水解)
하(下)	6(六)		☵	
상(上)	4(四)	괘(卦)	☳	뢰산소과(雷山小過)
하(下)	7(七)		☶	
상(上)	4(四)	괘(卦)	☳	뢰지예(雷地豫)
하(下)	8(八)		☷	
상(上)	4(四)	괘(卦)	☳	뢰유양(雷嚅養)
하(下)	9(九)		☷	

산송역수와 생활풍수

상괘가 오손풍으로 된 괘(上卦가 五巽風으로 된 卦)

상(上)	5(五)	괘(卦)	☴	풍천소축(風天小畜)
하(下)	1(一)		☰	
상(上)	5(五)	괘(卦)	☴	풍택중부(風澤中孚)
하(下)	2(二)		☱	
상(上)	5(五)	괘(卦)	☴	풍화가인(風火家人)
하(下)	3(三)		☲	
상(上)	5(五)	괘(卦)	☴	풍뢰익(風雷益)
하(下)	4(四)		☳	
상(上)	5(五)	괘(卦)	☴	중손풍(重巽風)
하(下)	5(五)		☴	
상(上)	5(五)	괘(卦)	☴	풍수환(風水渙)
하(下)	6(六)		☵	
상(上)	5(五)	괘(卦)	☴	풍산점(風山漸)
하(下)	7(七)		☶	
상(上)	5(五)	괘(卦)	☴	풍지관(風地觀)
하(下)	8(八)		☷	
상(上)	5(五)	괘(卦)	☴	풍유속(風曘速)
하(下)	9(九)		☳	

역의 팔십일괘 (易의 八十一卦)

상괘가 육감수로 된 괘(上卦가 六坎水로 된 卦)

상(上)	6(六)	괘(卦)	☵	수천수(水天需)
하(下)	1(一)		☰	
상(上)	6(六)	괘(卦)	☵	수택절(水澤節)
하(下)	2(二)		☱	
상(上)	6(六)	괘(卦)	☵	수화기제(水火旣濟)
하(下)	3(三)		☲	
상(上)	6(六)	괘(卦)	☵	수뢰둔(水雷屯)
하(下)	4(四)		☳	
상(上)	6(六)	괘(卦)	☵	수풍정(水風井)
하(下)	5(五)		☴	
상(上)	6(六)	괘(卦)	☵	중감수(重坎水)
하(下)	6(六)		☵	
상(上)	6(六)	괘(卦)	☵	수산건(水山蹇)
하(下)	7(七)		☶	
상(上)	6(六)	괘(卦)	☵	수지비(水地比)
하(下)	8(八)		☷	
상(上)	6(六)	괘(卦)	☵	수유림(水曘林)
하(下)	9(九)		☵	

산송역수와 생활풍수

상괘가 칠간산으로 된 괘(上卦가 七艮山으로 된 卦)

상(上)	7(七)	괘(卦)	☶	산천대축(山天大畜)
하(下)	1(一)		☰	
상(上)	7(七)	괘(卦)	☶	산택손(山澤損)
하(下)	2(二)		☱	
상(上)	7(七)	괘(卦)	☶	산화비(山火賁)
하(下)	3(三)		☲	
상(上)	7(七)	괘(卦)	☶	산뢰이(山雷頤)
하(下)	4(四)		☳	
상(上)	7(七)	괘(卦)	☶	산풍고(山風蠱)
하(下)	5(五)		☴	
상(上)	7(七)	괘(卦)	☶	산수몽(山水蒙)
하(下)	6(六)		☵	
상(上)	7(七)	괘(卦)	☶	중간산(重艮山)
하(下)	7(七)		☶	
상(上)	7(七)	괘(卦)	☶	산지박(山地剝)
하(下)	8(八)		☷	
상(上)	7(七)	괘(卦)	☶	산유화(山曘花)
하(下)	9(九)		☳	

상괘가 팔곤지로 된 괘(上卦가 八坤地로 된 卦)

상(上)	8(八)	괘(卦)	☷	지천태(地天泰)
하(下)	1(一)		☰	
상(上)	8(八)	괘(卦)	☷	지택림(地澤臨)
하(下)	2(二)		☱	
상(上)	8(八)	괘(卦)	☷	지화명이(地火明夷)
하(下)	3(三)		☲	
상(上)	8(八)	괘(卦)	☷	지뢰복(地雷復)
하(下)	4(四)		☳	
상(上)	8(八)	괘(卦)	☷	지풍승(地風昇)
하(下)	5(五)		☴	
상(上)	8(八)	괘(卦)	☷	지수사(地水師)
하(下)	6(六)		☵	
상(上)	8(八)	괘(卦)	☷	지산겸(地山謙)
하(下)	7(七)		☶	
상(上)	8(八)	괘(卦)	☷	중곤지(重坤地)
하(下)	8(八)		☷	
상(上)	8(八)	괘(卦)	☷	지유절(地嚅切)
하(下)	9(九)		☳	

산송역수와 생활풍수

상괘가 유구절로 된 괘(上卦가 曘九絶로 된 卦)

상(上)	9(九)	괘(卦)	☷ ☰	유천명(曘天明)
하(下)	1(一)			
상(上)	9(九)	괘(卦)	☷ ☱	유택선(曘澤善)
하(下)	2(二)			
상(上)	9(九)	괘(卦)	☷ ☲	유화강(曘火剛)
하(下)	3(三)			
상(上)	9(九)	괘(卦)	☷ ☳	유뢰인(曘雷忍)
하(下)	4(四)			
상(上)	9(九)	괘(卦)	☷ ☴	유풍정(曘風正)
하(下)	5(五)			
상(上)	9(九)	괘(卦)	☷ ☵	유수유(曘水柔)
하(下)	6(六)			
상(上)	9(九)	괘(卦)	☷ ☶	유산도(曘山道)
하(下)	7(七)			
상(上)	9(九)	괘(卦)	☷ ☷	유지극(曘地極)
하(下)	8(八)			
상(上)	9(九)	괘(卦)	☷ ☷	중현유(重眩曘)
하(下)	9(九)			

팔십일괘의 순표(八一卦의 順表)

※ 81괘의 소속된 오행과 궁 그리고 세효(世爻)를 붙이는 숫자
이다.

건금궁(乾金宮)		태금궁(兌金宮)		이화궁(離火宮)	
중건천(重乾天	上世	중태택(重兌澤	上世	중이화(重離火	上世
천풍구(天風姤	初世	택수곤(澤水困	初世	화산려(火山旅	初世
천산둔(天山遯	2)	택지췌(澤地萃	2)	화풍정(火風鼎	2)
천지비(天地否	3)	택산함(澤山咸	3)	화수미제(火水未濟	3)
풍지관(風地觀	4)	수산건(水山蹇	4)	산수몽(山水夢	4)
산지박(山地剝	5)	지산겸(地山謙	5)	풍수환(風水換	5)
화지진(火地晋	4)	뢰산소과(雷山小過	4)	천수송(天水訟	4)
화천대유(火天大有	3)	뢰택귀매(雷澤歸妹	3)	천화동인(天火同人	3)
천유청(天曘晴	5)	택유형통(澤曘亨通	5)	뢰유양(雷曘養	5)
진목궁(震木宮)		손목궁(巽木宮)		감수궁(坎水宮)	
중진뢰(重震雷	上世	중손풍(重巽風	上世	중감수(重坎水	上世
뢰지예(雷地豫	初世	풍천소축(風天小畜	初世	수택절(水澤節	初世
뢰수해(雷水解	2)	풍화가인(風火家人	2)	수뢰둔(水雷遯	2)
뢰풍항(雷風恒	3)	풍뢰익(風雷益	3)	수화기제(水火旣濟	3)
지풍승(地風昇	4)	천뢰무망(天雷无忘	4)	택화혁(澤火革	4)
수풍정(水風井	5)	화뢰서합(火雷噬嗑	5)	뢰화풍(雷火豊	5)
택풍대과(澤風大過	4)	산뢰이(山雷頤	4)	지화명이(地火明夷	4)
택뢰수(澤雷隨	3)	산풍고(山風蠱	3)	지수사(地水師	3)
수유림(水曘林	5)	산유화(山曘花	5)	지유절(地曘切	5)

간토궁(艮土宮)		곤토궁(坤土宮)		유화궁(曘火宮)	
중간산(重艮山	上世)	중곤지(重坤地	上世)	중현유(重昡曘	上世)
산화비(山火賁	初世)	지뢰복(地雷復	初世)	유택선(曘澤善	初世)
산천대축(山天大畜	2)	지택림(地澤臨	2)	유풍정(曘風正	2)
산택손(山澤損	3)	지천태(地天泰	3)	유수유(曘水柔	3)
화택규(火澤睽	4)	뢰천대장(雷天大壯	4)	풍유속(風曘速	4)
천택이(天澤履	5)	택천쾌(澤天夬	5)	화유열(火曘熱	5)
풍택중부(風澤中孚	4)	수천수(水天需	4)	유천명(曘天明	4)
풍산점(風山漸	3)	수지비(水地比	3)	유지극(曘地極	3)
유화강(曘火剛	5)	유뢰인(曘雷忍	5)	유산도(曘山道	5)

역의 팔십일괘 (易의 八十一卦)

▋삼합과 지지육합(三合과 地支六合)

　삼합과 지지합은 길(吉) 작용을 하는 아주 좋은 기운(氣運)
이다. 합(合)은 말 그대로 합할 합, 서로 그 기운(氣運)이 잘 맞아
서 좋은 작용을 하는 것을 말하며 남녀 혹은 사업 파트너에 합
이 오면 서로 간의 마찰도 잘 일어나지 않을뿐더러 순조롭고 평
탄하게 이어져 간다.

▋삼합(三合)

인오술(寅午戌)	신자진(申子辰)	해묘미(亥卯未)	사유축(巳酉丑)
화(火)	수(水)	목(木)	금(金)

　또한 위에서 보이는 바와 같이 지지(地支) 세 개가 합(合)이 이
루어지면 화, 수, 목, 금(火, 水, 木, 金) 오행으로 변화되어 진다.

▋지지합(地支合)

자축(子丑)	인해(寅亥)	묘술(卯戌)	진유(辰酉)	사신(巳申)	오미(午未)
토(土)	목(木)	화(火)	금(金)	수(水)	(변하지 않음)

▌역마(驛馬)와 겁살(劫殺)

역술에서 역마(驛馬)는 글자 그대로 뜻을 가진다. 현대는 이
동수단이 자동차 비행기 오토바이 등등 여러 가지가 있지만 옛
날에는 주요 이동수단이 말이었기 때문이다. 그래서 역마는 즉
이동을 뜻하는 것이며 겁살(劫殺)은 좋지 않은 손해와 피해가
온다는 것을 뜻하는 것이다.

▌역마 찾는 법

역마와 겁살은 일진에서 찾는다. 예를 들어 일진이 갑자일(甲
子日)이라면 신자진(申子辰) 삼합을 구하고 신(申)과 충(冲)이 오
게 되는 인(寅)이 역마가 되는 것이다.

▌겁살(劫殺) 찾는 법

겁살도 역마와 마찬가지로 갑자일(甲子日)의 일진으로 찾는
것인데 자(子)가 들어가 있는 삼합 신자진(申子辰)을 먼저 구하
고 마지막 진(辰)을 12지지(地支)의 순서대로 구하면 다음 순서
는 사(巳)가 되며 사(巳)가 겁살이 된다.
　만약 겁살인 사(巳)가 세(世)에 위치하면 본인(本人)에게 좋지

않은 일들이 벌어지는 것이고 손(孫)에 위치하면 자손이 있는 사람에게는 자손에게 안 좋은 일이 벌어지며 재(財)에 위치하게 되면 재물의 손실을 의미하는 것이다.

▌천을귀인(天乙貴人)

천을귀인이란 하늘에서 내게 보내준 귀인 즉 나를 도와주는 사람이라 생각하면 맞다. 천을귀인이 괘(卦) 안에 있으면 상당히 좋은 작용을 하는데 응(應)이 천을귀인이면 상대가 나에게 도움을 주는 사람이고 손(孫)이 천을귀인이면 자손 덕을 본다고 풀이하면 맞다고 본다.

찾는 법은 일진의 천간(天干)을 기준으로 찾는다.

갑무경	을기	병정	임계	신
甲戊庚	乙己	丙丁	壬癸	辛
(丑未)	(子申)	(亥酉)	(巳卯)	(午寅)
축미	자신	해유	사묘	오인

▌삼형살(三刑殺)

이번에는 흉(凶)이 되는 삼형살을 알아보자.

인사신	축술미	자묘	진오유해
(寅巳申)	(丑戌未)	(子卯)	(辰午酉亥)

※ 삼형살은 흉(凶) 작용을 하는 것 중에 가장 좋지 않으며 괘 (卦) 내에 이러한 삼형살이 있으면 사건(事件), 사고(事故), 구설 (口舌), 시비(是非)가 일어나며 상당히 조심하지 않으면 큰 사고 로 이어지는 아주 불길한 기운(氣運)이다.

▌형, 충, 파, 해(刑, 沖, 破, 害)

이번에는 형, 충, 파, 해에 대해서 알아보는데 이는 좋지 않은 흉(凶) 작용을 하는 것이다. 이러한 것은 비신과 월건, 일진에 만 나서 움직이는 기운(氣運)이라 보면 맞다.

이 형, 충, 파, 해가 괘(卦) 안에 들어오면 대체로 깨지거나 충 돌하거나 해가 오거나 하는 사건(事件), 사고(事故), 구설(口舌), 시비(是非)가 생기는 불길한 징조라 보면 된다.

:: 형(刑)

인사신(寅巳申) 축술미(丑戌未)

진오유해(辰午酉亥) 자묘(子卯)

형, 충, 파, 해 중에서도 형(刑)은 가장 좋지 않은 기운이며 불길한 사건 사고와 불미스러운 일이 많이 일어나고 그 강도도 다소 높다.

:: 충(冲)

자오(子午) 축미(丑未) 인신(寅申)

묘유(卯酉) 진술(辰戌) 사해(巳亥)

밑에 순서에서 알 수 있듯이 일곱 번째에 만난다 하여 칠충(七冲)이라고도 하는 충(冲)은 융화가 되지 않고 부딪치는 의미를 가지고 있어 충이 오면 많은 충돌을 예상할 수 있으나 충이 온다고 해서 무조건 나쁜 것은 아니다.

예를 들어 병(病)이 들어와 있을 때 충이 오면 병이 깨져 나가기 때문에 이것은 좋은 것이고 또한 충이 오면 새로운 시작이나 움직임으로 해석을 하므로 주변의 변화를 암시한다. 따라서 충이 반드시 나쁘다고 단정 지으면 안 되고 괘(卦)가 좋은가 나쁜 가에 따라서 달리 해석을 해야 한다.

① 자(子)	② 축(丑)	③ 인(寅)	④ 묘(卯)	⑤ 진(辰)	⑥ 사(巳)
↓	↓	↓	↓	↓	↓
⑦ 오(午)	⑧ 미(未)	⑨ 신(申)	⑩ 유(酉)	⑪ 술(戌)	⑫ 해(亥)

:: 파(破)

자유(子酉)　축진(丑辰)　인해(寅亥)
묘오(卯午)　사신(巳申)　술미(戌未)

파는 글자 그대로 깨지는 것을 의미한다.

물건이 깨진다든가 계약이나 남녀 관계가 깨진다든가 이같이 깨지는 의미를 가진 파(破)는 수(數) 10과 관련이 깊다

자, 그럼 잘 생각해 보자. 텔레비전에서 우주선이나 미사일 발사를 할 때 10부터 수를 세는 것을 본 적 있을 것이다. 또한 여자가 아이를 잉태하고 출산을 할 때도 10달이 돼서 아이와 분리가 된다.

이처럼 파(破)는 열 번 움직이면 만나는데 이때 양(陽)은 앞으로 이동(移動)하고 음(陰)은 뒤로 이동한다. 1번인 자(子)를 예를

들어본다면 자(子)는 양(陽)이므로 앞으로 이동한다. 그러면 10
번인 유(酉)를 만나서 자유파(子酉破)가 되는 것이고 2번인 축
(丑)은 음(陰)이므로 뒤로 이동하면서 진(辰)을 만나 축진파(丑辰
破)가 된다.

① 자(子)   ② 축(丑)   ③ 인(寅)   ④ 묘(卯)   ⑤ 진(辰)   ⑥ 사(巳)
⑦ 오(午)   ⑧ 미(未)   ⑨ 신(申)   ⑩ 유(酉)   ⑪ 술(戌)   ⑫ 해(亥)

:: **해(害)**

해(害)는 글자 그대로 해롭다는 것이다. 이 해가 괘(卦)에 오면
이롭지 못한 것은 당연하고 가택궁(家宅宮)에 해(害)가 오면 가
정불화가 오며 직장궁(職場宮)에 오면 회사 내에서 불길한 일이
생겨 본인에게 해가 된다. 또한 해(害)는 원진(怨嗔)으로 불리기
도 한다.

산송역수의 구성(山松易數의 構成)

　이제부터 산송역수의 구성에 대해서 알아보고 실제 괘(卦)를
풀어보기 위해서 알아야 할 용어를 살펴본다.

　산송역수에는 내괘(內卦)와 외괘(外卦)가 있다.

　내괘는 하괘(下卦)로서 초효(初爻), 이효(二爻), 삼효(三爻)를
말하는 것이고 외괘는 상괘(上卦)로서 사효(四爻), 오효(五爻),
상효(上爻)를 말하는 것이다. 그리고 동효(動爻)라는 것과 변효
(變爻)가 있다.

　괘(卦)는 위에 81괘의 순표(八一卦의 順表)에 나와 있는 각 궁
에 소속되어 있는 것을 괘라고 하며 건(乾), 태(兌), 이(離), 진
(震), 손(巽), 감(坎), 간(艮), 곤(坤), 유(曘)인 구괘(九卦)중에 두 개
가 하나의 합(合)이 되어 81괘 중에 속한 한 괘가 만들어진다.

예를 들어 구괘(八卦)중에 이(離)와 건(乾)이 합이 이루어 하나가 된다면 삼이화(三離火) 중건천(重乾天)이 되어 화천대유(火天大有)의 괘가 만들어지는 것이고 화천대유(火天大有)는 건금궁(乾金宮)에 속하는 것이 된다.

또한 효(爻)는 구괘(九卦)를 여섯 자리에 배치하며 그 하나하나를 효라고 한다.

예를 들어 화천대유(火天大有)라면

(三) 삼이화(三離火)	― 상효(上爻)	
	―― 오효(五爻)	상괘(上卦)
	― 사효(四爻)	
(一) 중건천(重乾天)	― 삼효(三爻)	
	― 이효(二爻)	하괘(下卦)
	― 초효(初爻)	

다시 말하자면 삼과 일이 만나서 팔십일괘 중의 한 괘(卦)가 되는 것인데 삼(三)은 삼이화(三離火), 일(一)은 중건천(重乾天)이므로 맨 뒤에 글자를 붙이면 화천(火天)이 되는 것이고 화천은 대유(大有)라서 화천대유(火天大有)가 되는 것이며 팔십일괘 중 건금궁(乾金宮)에 속하는 괘가 된다.

산송역수와 생활풍수

즉 팔십일괘 중 소속된 하나의 괘가 만들어지려면 낱개의 여섯 개의 효(爻)가 필요하다.

또한 동효(動爻)라는 것이 있는데 움직일 동(動), 말 그대로 움직이는 것을 뜻하며 동효가 움직여서 변화한 것이 변효(變爻)가 된다. 이때 기존의 효(爻)가 양(陽)이면 음(陰)이 되고 음(陰)이면 양(陽)으로 변하여 괘(卦) 자체가 바뀌게 되는 것이다.

예를 들어 화천대유(火天大有)라면 동효(動爻)가 삼효(三爻)라고 가정했을 때

(三) 삼이화(三離火)	― 상효(上爻)	
	-- 오효(五爻)	상괘(上卦)
	― 사효(四爻)	
(一) 중건천(重乾天)	― 삼효(三爻)	동효(動爻)
	― 이효(二爻)	
	― 초효(初爻)	하괘(下卦)

삼효(三爻)가 동효(動爻)이고 기존의 삼효가 양(陽)이므로 음(陰)으로 변하여 변효가 돼서 하괘(下卦)가 중건천(重乾天)에서 이태택(二兌澤)으로 변하였으니 화천대유(火天大有)에서 화택규(火澤睽)의 괘(卦)로 바뀌게 된다.

▌괘(卦)를 얻는 방법

괘효(卦爻)를 얻는 방법에는 십팔변법(十八變法), 육변법(六變法), 이변법(二變法), 척전법, 솔잎전법, 일진법, 시각법 여러 가지가 있으나 그중에 솔잎전법을 소개한다.

우선 60개의 솔잎을 준비하고 태극수에서 하나를 뺀 59개의 솔잎을 반으로 가른다. 둘로 나눈 솔잎으로 하나는 상괘(上卦), 하나는 하괘(下卦)로 만드는 것인데 둘로 나눈 것을 다시 둘로 나누고 다시 둘로 나누면 10 이하의 숫자가 나온다. 이것을 상괘와 하괘로 정하는 것이고 상괘와 하괘가 정해지면 동효(動爻)를 구하는데 이때는 태극수를 빼지 아니하고 같은 방법으로 반복하여 계속 둘로 가르고 맨 마지막 7 이하의 숫자가 나오면 동효(動爻)가 만들어지는 것이다.

위의 방법은 시간이 오래 걸리고 상담할 사람이 뒤에 줄을 지어 기다리고 있다면 실시하기에 좀 부담스러운 방법이긴 하다. 또한 역술을 미신(迷信)으로 여기는 사람들도 제법 있는데 솔잎을 가지고 하면 신뢰를 할 수 없다는 반응도 없지 않아 있어서 저자는 솔직히 말하면 사용을 하지 않는 방법이다.

그럼 실제로 상담자가 방문해서 실관(實觀)을 할 때 쓰는 방법 두 가지를 소개하고 내괘(內卦)와 외괘(外卦)를 정(定) 하는 법에 대해 설명을 하도록 하자.

우선 일진법이다. 일진법은 음력달력이 필요하지만 양력달력도 무방하다. 우선 그날의 음력 날짜를 적어놓고 음력이든 양력이든 날짜가 나오면 6, 6, 9로 나누어 괘(卦)를 만든다.

예를 들어 날짜가 만약 9월 20일이라면 처음 9월의 9를 6으로 나눈다. 그럼 남은 3이 상괘(上卦), 즉 외괘(外卦)가 되는 것이고 다시 20일을 6으로 나눈다.

그럼 2가 남는데 이 남은 2가 하괘(下卦), 즉 내괘(內卦)가 되는 것이다. 그러면 상괘 삼(三), 하괘 이(二)를 합해서 삼이화(三離火) 이태택(二兌澤) = 화택규(火澤睽)라는 괘(卦)가 나오는 것이고 화택규는 간토궁(艮土宮)에 속한다.

그럼 그날 상담받으러 온 사람의 운(運)이 화택규(火澤睽)인 것이다.

그리고 마지막 괘(卦)는 이동하는 동효(動爻)를 찾아야 하는데 동효는 9월의 9와 20일의 20을 더한 수 29를 9로 나눈다. 그러면 2가 남는데 남은 2가 동효(動爻)가 되는 것이고 이효(二爻)가 하괘(下卦)이니까 동(動)하면 하괘의 괘(卦)가 이태택(二兌澤)

에서 사진뢰(四震雷)로 변화하니 상괘(上卦) 삼이화(三離火)와 하괘(下卦) 사진뢰(四震雷)가 합하여 화뢰서합(火雷噬嗑)이 되는 것이고 이 상담받으러 온 사람의 운(運)은 화택규(火澤睽)의 기운(氣運)이 화뢰서합(火雷噬嗑)으로 이동을 한 것이며, 이 사람의 상담 괘(卦)가 되는 것이다.

▎시각법(時刻法)

　다음은 시각법(時刻法)이다. 시각법은 가장 간단하고 쓰기 편리한 방법이라 많이 쓰이는 방법이기도 하다. 손님이 상담을 받으러 온 시간이 오후(午後) 2시 14분이라 가정을 하면 그대로 2시가 상괘(上卦)가 되고 14분의 1이 하괘(下卦)가 되며 나머지 숫자인 4가 동효(動爻)가 되는 것이다.

　그렇게 되면 상괘(上卦)가 이(二)니까 이태택(二兒澤)이 되고 하괘(下卦)가 일(一)이니 중건천(重乾天)이 되어 합하면 괘(卦)가 택천괘(澤天快)가 되는 것이며 사(四)가 동효(動爻)가 되어 상괘(上卦)가 변하니 육감수(六坎水)가 된다.

　그럼 상괘(上卦) 육감수(六坎水)와 하괘(下卦) 중건천(重乾天)이 합이 되어 수천수(水天需)라는 괘(卦)가 만들어진다.

　시각법은 그 시간에 상담받으러 온 사람의 괘(卦)가 바로 만들어지는 것이고 그 사람의 운세(運勢)가 된다.

팔신론(八神論)

용신(用神)

용신이라 용효(用爻)라고도 하는데 괘(卦)에서 중심이 되는 자(者)를 말한다. 즉 자기점(自己占)을 본다는 본인인 세(世)가 용신이고, 부모점을 본다면 부효(父爻)가 용신이 되며 자손점을 본다면 손(孫)이 용신이 되는 것이다.

비신(飛神)

비신이란 내외괘(內外卦)에 소속된 육갑신(六甲神)이다. 즉 간지(干支)를 말하는 것인데 비신의 정국(定局)은 아래와 같고 이를 비신구괘납갑법(飛神九卦納甲法)이라 한다.

①	②	③	④	⑤	⑥	⑦	⑧	⑨
건금 (乾金)	태금 (兌金)	이화 (離火)	진목 (震木)	손목 (巽木)	감수 (坎水)	간토 (艮土)	곤토 (坤土)	유화 (曜火)
술(戌)	미(未)	사(巳)	술(戌)	묘(卯)	자(子)	인(寅)	유(酉)	미(未)
신(申)	유(酉)	미(未)	신(申)	사(巳)	술(戌)	자(子)	해(亥)	유(酉)
오임 (午壬)	해정 (亥丁)	유기 (酉己)	오경 (午庚)	미신 (未辛)	신무 (申戊)	술병 (戌丙)	축계 (丑癸)	사무 (巳戊)
진(辰)	축(丑)	해(亥)	진(辰)	유(酉)	오(午)	신(申)	묘(卯)	인(寅)
인(寅)	묘(卯)	축(丑)	인(寅)	해(亥)	진(辰)	오(午)	사(巳)	자(子)
자갑 (子甲)	사정 (巳丁)	묘기 (卯己)	자경 (子庚)	축신 (丑辛)	인무 (寅戊)	진병 (辰丙)	미을 (未乙)	축무 (丑戊)

:: 비신구괘납갑법(飛神九卦納甲法) 암기법

① 건금갑자 외임오 자인진 오신술

② 태금정사 외정해 사묘축 해유미

③ 이화기묘 외기유 묘축해 유미사

④ 진목경자 외경오 자인진 오신술

⑤ 손목신축 외신미 축해유 미사묘

⑥ 감수무인 외무신 인진오 신술자

⑦ 간토병진 외병술 진오신 술자인

⑧ 곤토을미 외계축 미사묘 축해유

⑨ 유화무축 외무사 축자인 사유미

※ 비신구괘납갑법(飛神九卦納甲法)을 다 암기해야만 비신을
붙여서 괘(卦)를 풀 수 있으므로 반드시 숙지하여야 한다.

산송역수와 생활풍수

:: 비신(飛神) 붙이는 법

그럼 위에 암기한 비신을 붙이는 예를 들어본다. 상괘(上卦)가 칠(七)이고 하괘(下卦)가 일(一)이라면 칠간산(七艮山)과 일건천(一乾天)이 되므로 두 개가 합이 된 81괘 중의 괘(卦)는 산천대축(山天大蓄)이 된다.

그러면 비신은 상괘(上卦) 즉 외괘(外卦)는 칠(七)이므로 술자인(戌子寅)이 되고 하괘(下卦) 즉 내괘(內卦)는 일(一)이므로 자인진(子寅辰)이 되는 것이다.

산천대축(山天大蓄)

인(寅)	― 상효(上爻)			
자(子)	-- 오효(五爻)	상괘(上卦)	외괘(外卦)	칠(七)
술(戌)	-- 사효(四爻)			
진(辰)	― 삼효(三爻)			
인(寅)	― 이효(二爻)	하괘(下卦)	내괘(內卦)	일(一)
자(子)	― 초효(初爻)			

▌원신(原神)

원신이란 용신을 생(生)해 주는 오행(五行)으로 이를 희신이라
고 하는데 가령 인묘(寅卯) 목(木)을 용신으로 삼았다면 해자(亥
子) 수(水)가 원신(原神)이다. 생(生)을 해 준다는 의미는 도움을
주는 것이라고 보면 맞다.

▌복신(伏神)

복신(伏神)이란 괘(卦)를 뽑아서 나온 비신(飛神) 중에 없는 것
을 말하며 그 없는 비신을 찾아야만 하고 보통 없는 비신 즉 복
신(伏神)이 용신(用神)이 된다.

:: 복신(伏神) 찾는 법

복신(伏神)을 찾을 때는 먼저 괘(卦)가 무슨 궁(宮)인지 알아야
하며 그 궁의 비신(飛神) 중에 없는 것을 비신구괘납갑법(飛神九
卦納甲法)에 의해서 찾아 붙이는 것이다.

산송역수와 생활풍수

▍기신(忌神)

기신이란 원신(原神)과 반대로 극(剋) 하는 자(者)를 말한다. 즉 인묘(寅卯) 목(木)이 용신(用神)이라면 신유(申酉) 금(金)이 기신(忌神)이며 해자(亥子) 수(水)가 용신이면 진술축미(辰戌丑未) 토(土)가 기신이 된다.

▍구신(仇神)

구신이란 기신을 생(生) 해 주는 자(者)를 말한다. 해자(亥子) 수(水)가 용신인 경우 진술축미(辰戌丑未) 토(土)가 기신이므로 토(土)를 생(生)하여 주는 사오(巳午)가 구신이고 구신과 용신과의 관계는 용신이 구신을 극(剋)을 하는 자(者)이다.

│ 진신(進神)

　진신이란 동효(動爻)와 변효(變爻)의 관계로 동효가 변효로 변했을 때 십이지지(十二地支)가 변효의 앞으로 나아가 변화가 온 것을 진신이라 한다.

산천대축(山天大蓄)

인(寅, 목)	― 상효(上爻)	명(命)			7
자(子, 수)	-- 오효(五爻)		상괘 (上卦)	외괘 (外卦)	칠 (七)
술(戌, 토)	-- 사효(四爻)				1
진(辰, 토)	― 삼효(三爻)	신(身)			
인(寅, 목)	― 이효(二爻)		하괘 (下卦)	내괘 (內卦)	일 (一) 1
축(丑土) 자(子, 수)	― 초효(初爻)				

　초효(初爻)가 동(動)해서 하괘(下卦)가 오손풍(五巽風)으로 변했으니 손목궁(巽木宮)이며 손목궁의 초효(初爻)의 축토(丑土)로 변하게 된다. 이때 변하지 않았을 때의 십이지지가 자(子)고 변한 십이지지가 축(丑)이므로 앞으로 나아가니 이것을 진신(進神)이라 한다.

│ 퇴신(退神)

퇴신이란 진신과 마찬가지로 동효(動爻)와 변효(變爻)의 관계이며 동(動)하여 십이지지가 앞으로 나아가는 것이 아니고 뒤로 가는 것을 퇴신이라 한다.

예

산천대축(山天大蓄)

인(寅, 목) ― 상효(上爻)	명 (命)				7
자(子, 수) -- 오효(五爻)		상괘 (上卦)	외괘 (外卦)	칠 (七)	
술(戌, 토) -- 사효(四爻)					1
축(丑土) 진(辰, 토) ― 삼효(三爻)	신 (身)				
인(寅, 목) ― 이효(二爻)		하괘 (下卦)	내괘 (內卦)	일 (一)	3
자(子, 수) ― 초효(初爻)					

삼효(三爻)가 동(動)해서 하괘(下卦)가 이태택(二兌澤)으로 변했으며 이태택(二兌澤)은 태금궁(兌金宮)이고 삼효(三爻)는 축(丑, 토)다. 따라서 십이지지가 뒤로 행(行)하므로 퇴신이 된다.

:: 용신(用神) 정(定)하는 법

용신을 정할 때는 다음과 같다.

- 자기(自己)를 위한 점(占) – 세효(世爻)가 용신이다.
- 부모(父母) 또는 조부모(祖父母)에 관한 점(占) – 부효(父爻)가 용신이다.
- 자손(子孫)을 위한 점(占) – 남녀 공히 손효(孫爻)가 용신이다.
- 형제(兄弟)에 관한 점(占) – 남녀 공히 형효(兄爻)가 용신이다.
- 아내(妻)에 관한 점(占) – 재효(財爻)를 용신으로 한다.
- 친구(朋)에 관한 점(占) – 응효(應爻)를 용신으로 한다.
- 상대의 동태를 파악하거나 상대방과의 사업관계, 소송관계 또는 어떤 승패나 결과를 알고자 할 경우 – 응효(應爻)를 용신으로 한다.
- 직장(職場)에 관한 점(占) – 관효(官爻)를 용신으로 한다.
- 금전, 재물(財物)에 관한 점(占) – 재효(財爻)를 용신으로 한다.
- 귀신, 도둑에 관한 점(占) – 관효(官爻)를 용신으로 한다.

:: 괘신(卦神)

괘신이란 괘(卦) 안의 주체(主體)가 되는 것을 말한다.

예

산천대축(山天大蓄)

인(寅, 목) — 상효(上爻)	명 (命)			7
자(子, 수) -- 오효(五爻)	응 (應)	상괘 (上卦)	외괘 (外卦)	칠 (七)
술(戌, 토) -- 사효(四爻)				1
진(辰, 토) — 삼효(三爻)	인신충 (寅神沖)		신 (身)	
인(寅, 목) — 이효(二爻)	세(世)	하괘 (下卦)	내괘 (內卦)	일 (一) 1

축(丑土) 자(子, 수) — 초효(初爻)

괘신을 찾으려면 산천대축이 우선 무슨 궁(宮)인지를 알아야 하고 세응(世應)에서 세(世)가 어디에 위치하는지를 알아야 한다.

산천대축은 간토궁(艮土宮)이며 세(世)는 이효(二爻)에 위치한다. 이때 위치한 세(世)의 효(爻)가 음(陰)이면 십이지지(十二地支)의 오(午)부터 위로 올라가고 양(陽)이면 자(子)부터 올라가서 세(世)에서 멈춘다.

현재 산천대축에 세(世)는 이효(二爻)이고 괘(卦)가 양(陽)이므로 자(子)부터 초효(初爻)에서부터 올라간다. 즉 초효(初爻)에서 자(子)부터 헤아려 올라가서 이효(二爻)에서 멈추면 축(丑)에서 멈춰지고 괘신은 축(丑)이다.

축(丑土)는 산천대축(山天大畜) 간토궁(艮土宮) 육친정법(六親正法)에 의해서 비화자형제(比和者兄弟), 나와 동등한 자는 형제(주변인을 뜻하기도 함)를 의미한다. 즉 괘신은 형제(兄弟) 혹은 주변인이 되는 것이다.

주역의 총론(周易의 總論)

▌일진과 월건(日辰과 月建)

- 일진(日辰)은 점(占)하는 당일(當日)을 말한다.

- 월건(月建)은 점(占)하는 당월(當月)을 말한다.

- 일진(日辰)은 산송역수(山松易數)를 관찰하는 주재신(主宰神)이다.

- 월건(月建)은 만사의 제강(提綱)이다.

- 일진(日辰)과 월건(月建)은 용효(用爻) 또는 효(爻)를 능히 생(生)해 주고 부조하고 극해(剋害) 하는 힘이 있다.

- 용효(用爻)는 일진(日辰)의 극(剋)을 받는 것을 가장 두려워한다.

- 용효(用爻)가 일진(日辰)의 극(剋)을 받을 경우 다른 효(爻)의 도움을 받아도 이롭지 못하다.

- 일진(日辰)이 용효(用爻)를 생(生)해 주고 월건(月建)이 용효(用爻)를 생합(生合)하면 대길하다.
- 일진(日辰)이 용효(用爻)를 극(剋)하고 월건(月建)이 용효(用爻)를 극(剋)하면 불길하다

▌동효 총론(動爻 總論)

- 동효(動爻)는 모든 일의 시초다.
- 변효(變爻)는 모든 일의 마무리다.
- 변효(變爻)가 동효(動爻)를 생합(生合)하면 좋고 변효(變爻)가 동효(動爻)를 극해(剋害)하면 회두극(回頭剋)이 되어 불길하다.
- 동효(動爻)는 일진(日辰)과 월건(月建)과 더불어 그 힘이 강한 것이므로 동효(動爻)는 용신(用神) 및 타효(他爻)를 능히 생극(生剋) 할 수 있다.
- 동효(動爻)는 일진(日辰)과 월건(月建)의 생(生)을 받으면 그 힘이 아주 강해진다.
- 동효(動爻)가 용신(用神)을 극(剋)하면 흉(凶)한데 만일 동효(動爻)가 일진(日辰)과 삼합(三合) 혹은 육합(六合)을 이루면 용신(用神)을 극(剋)하지 못한다.

산송역수와 생활풍수

육친발동(六親發動)

- 부효(父爻)가 동(動)하면 벼슬점, 즉 승진이나 합격을 하며 가출자(家出者)에 관한 점(占)에는 소식이 온다. 그러나 병점 (病占)에는 약효가 없다.
- 손효(孫爻)가 동(動)하면 매매(賣買)와 혼인(婚姻)에는 아주 길(吉)하며 또한 산모점(産母占)에는 순산한다.
- 관귀(官鬼)가 동(動)하면 형제(兄弟)를 극(剋)하는 성질이 있 다. 병점(病占)에는 흉(凶)하다. 재물, 투기, 매매점에는 아주 불길하다. 혼인(婚姻)은 성사된다.
- 재효(財爻)가 동(動)하면 문서(文書)를 극(剋)하는 성질이 있다. 사업(事業), 재물점(財物占)으로 대길하고 성취한다. 시험, 구직 승진에는 불길하고 병점(病占)은 병이 더욱 악 화된다.
- 형제(兄弟)가 동(動)하면 사업운(事業運)도 좋지 못하고 시 비, 관재구설이 있다.

용신원신동(用神原神動)

- 용신(用神)이 동(動)하면 흉(凶)한 것도 길(吉)하게 된다. 즉 괘(卦) 자체가 좋지 못하고 흉(凶)한 것이 많더라도 용신(用神)이 동(動)하면 흉한 기운(氣運)을 눌러서 길하게 작용(作用)한다는 것이다.

- 용신(用神)이 동(動)하여 서로 도우면 대길(大吉)하다.

- 원신(原神)을 생(生)하는 자(者)가 동(動)하면 기운(氣運)이 강(强)해진다.

- 원신(原神)이 생부왕상(生扶旺相)을 만나고 동(動)하면 만사에 대길(大吉)하다.

육수발동(六獸發動)

청룡동(靑龍動)

- 청룡(靑龍)이 동(動)하면 대길(大吉)하다.
- 청룡(靑龍)이 동(動)하면 직장(職場), 시험(試驗) 점(占)에서 대길(大吉)하다.
- 청룡(靑龍)이 동(動)한 가운데 천을귀인(天乙貴人), 역마(驛馬), 건록(建祿) 등 길신(吉神)이 같이 있으면 만사에 대길하다.

주작동(朱雀動)

- 주작이 동(動)하면 구설(口舌)이 따르기도 한다.

구진동(句陳動)

- 구진(句陳)이 동(動)하면 토지, 부동산 매입매매에서는 좋지 않다.

등사동(螣蛇動)

- 등사(螣蛇)가 동(動)하면 흉(凶)하며 흉신과 만나면 대흉(大凶)하다.

백호동(白虎動)

- 백호(白虎)가 동(動)하면 시비(是非), 관재(官災), 구설(口舌)이 있다.
- 관효(官爻)에 백호(白虎)가 동(動)하면 대흉(大凶)하며 병자(病者)에게는 아주 좋지 못하고 병(病)이 악화된다.

▎현무동(玄武動)

- 현무(玄武)는 도적(盜賊), 지신(地神)이다. 그러므로 현무가
  동(動)하면 대흉(大凶)하며 우환과 걱정이 생긴다. 또한 토
  지(土地)나 건물(建物)에 관한 매매는 좋지 못하다. 그러나
  용신(用神)과 합(合)하고 세효(世爻)를 생(生)해주면 재앙이
  소멸되고 길(吉)해 진다.

변효작용(變爻作用)

- 부효(父爻)가 동(動)하여 다시 부효(父爻)로 변(變)하면 모든 일이 대길(大吉)하다. 또한 문서로 인한 일은 정말 좋다.
- 부효(父爻)가 동(動)하여 손효(孫爻)로 변(變)하면 모든 일이 안정되고 문서(文書)로 인해 돈이 되는 일이 생기며 돈벌이 소식이 오는 경우가 많다.
- 부효(父爻)가 동(動)하여 관귀(官鬼)로 변(變)하면 직장(職場)에서 승진(昇進) 또는 문서(文書)와 관련해서 좋은 일이 생긴다.
- 부효(父爻)가 동(動)하여 재효(財爻)로 변(變)하면 모든 일이 불길하며 이효(二爻)에 위치하면 집안에 우환이 생긴다.
- 부효(父爻)가 동(動)하여 형효(兄爻)로 변(變)하면 재물점(財物占)에는 불길하다.

손효의 퇴신(孫爻의 退神)

- 묘(卯)가 손효(孫爻)이고 손효(孫爻)가 동(動)하여 인(寅)으로 변했다면 퇴화(退化)했으므로 재물(財物)에 손실이 있다.
- 손효(孫爻)가 재효(財爻)로 변(變)하면 재물 사업에 대길(大吉)하다.
- 손효(孫爻)가 관귀(官鬼)로 변(變)하면 하는 일이 장애가 있고 순조롭지 못하다.
- 손효(孫爻)가 형효(兄爻)로 변(變)하면 상생(相生)이 되어서 대길(大吉)하다.

관효의 퇴신(官爻의 退神)

- 관효(官爻)가 변(變)하여 퇴신(退神)이 되면 주로 직장에서 좋지 않은 일이 생기고 승진에 매우 불리하다.
- 관효(官爻)가 재효(財爻)로 변(變)하면 일(事)로 인하여 돈은 얻을 수 있으나 병자(病者)의 경우에는 아주 흉(凶)하다.

재변 진신(財變 進神)

- 재효(財爻)가 같은 재효(財爻)로 변(變)하고 진신(進神)이면 재물운(財物運)이 아주 좋다.
- 재효(財爻)가 손효(孫爻)로 변(變)하면 자손(子孫)에게 길(吉)하다.
- 재효(財爻)가 부효(父爻)로 변(變)하면 부모(父母)에게 길(吉)하고 재물(財物)로 인한 소식이 온다.

형효의 변(兄爻의 變)

- 형효(兄爻)가 재효(財爻)로 변(變)하면 재물운(財物運)에 흉(凶)하다.
- 형효(兄爻)가 관효(官爻)로 변(變)하면 흉(凶)하다.
- 형효(兄爻)가 손효(孫爻)로 변(變)하면 자손(子孫)에게는 길(吉)하다.

산송역수와 생활풍수

세효의 작용(世爻의 作用)

- 세효(世爻)는 자기 자신의 용효(用爻)이다. 자신에 관한 모든 점(占)은 세효(世爻)를 위주로 일진(日辰)과 월건(月建), 동효(動爻) 그리고 기타 효(爻)와 생극(生剋) 관계를 살펴야 한다.
- 응효(應爻)는 본인과 상대의 관계를 보는 것이다.
- 세효(世爻)는 일진(日辰)과 월건(月建), 동효(動爻)와 상생(相生)되고 비화(比和)되면 길(吉)하며 형충파해(刑沖破害)가 되면 불길하다.
- 상효(上爻)에 세(世)가 있고 육수(六獸)가 청룡이면 길(吉)하며 동(動)하면 용(龍)이 훨훨 날아가는 형상이니 아주 좋다.
- 오효(五爻)나 상효(上爻)에 세(世)가 있고 주작(朱雀)이 위치하면 길(吉)하다. 새가 마음껏 날고 있으니 좋은 형상이라 하겠다.
- 그 외 구진(句陳)을 제외한 등사(螣蛇), 백호(白虎), 현무(玄武)가 세(世)에 위치하면 불길하다.
- 관효(官爻)에 세(世)가 위치하고 충(沖)이 오면 병자(病者)는 병(病)이 호전된다.
- 부효(父爻)에 세(世)가 있고 주작(朱雀)이 위치하고 충(沖)이 오면 안 좋은 소식이나 구설(口舌)이 있으니 조심해야 한다.

복신의 작용(伏神의 作用)

복신(伏神)은 은복되어 있어 그 영향력은 미약하나 일진(日辰)과 월건(月建)으로부터 충파(沖破)를 받거나 복신(伏神)의 비신(飛神)이 일진(日辰)과 월건(月建)의 지지(地支)와 같으면 그 세력이 커지게 된다.

또한 복신(伏神)이 공망(空亡)일 경우에는 충파(沖破)를 두 번 받아야 복신의 작용이 시작된다.

진신 퇴신의 작용(進神 退神의 作用)

동효(動爻)가 변효(變爻)로 변했을 때 십이지지(十二地支)가 변효의 앞으로 나아가 변화가 온 것을 진신이라 한다. 이때 앞으로 나아가야 길(吉)하다고 보고 뒤로 물러가는 퇴신(退神)을 흉(凶) 작용으로 본다.

회두극과 회두극의 작용(回頭剋과 回頭剋의 作用)

동(動)하여 변(變)한 비신(飛神)이 동효(動爻)를 극(剋)하는 것을 말한다. 회두극을 받으면 상당히 흉(凶)하다

변효(變爻)	동효(動爻)
묘목(卯木)	축토(丑土)

위에서처럼 축토(丑土)가 동효이고 변한 것이 묘목(卯木)인데 목(木)의 오행(五行)이 축토의 오행을 극(剋) 하는 것을 말한다.

실관중요론(實觀重要論)

실관을 할 때 가장 중요한 것은 점(占)치는 자(者)의 마음가짐이다. 본인이 원하는 답이 나오지 않았다고 계속해서 괘(卦)를 뽑아 풀어보거나 자기중심적으로 통변(通辯)을 한다면 보기 좋게 빗나가고 만다. 물론 사람은 누구나 좋지 않게 나오면 잘 받아들이려고 하지 않는다. 그러나 좋지 않은 것도 겸허하게 받아들이고 안 좋은 것은 피해가려고 노력을 해야 할 것이다.

또한 점(占)에 대한 믿음 역시 중요하다. 설마 그러겠냐고 생각하는 순간 모든 것은 틀어지게 되어 있다. 믿지 않으려면 괘(卦)를 처음부터 뽑지 말라고 말하고 싶다. 불신이 있으면 몇천 번을 한들 단 한 번도 맞지 않을 것은 분명하기 때문이다. 그러므로 정갈한 마음가짐과 믿음을 가지고 실관을 해야 할 것이다.

이제부터 실관을 할 때 중점적으로 본인이 원하는 부분에 대해 살펴보자

▍평생점(平生占)

- 보통 평생점은 평생 빈부귀천(貧富貴賤)에 대한 것을 예지하는 것으로 상당히 중요하므로 정성스러운 자세와 잡생각을 버리고 맑은 정신으로 임해야 한다.
- 자기점(自己占)이므로 세(世)가 용신(用神)이 되어야 하며 동(動)하기 전에 괘(卦)와 동(動)한 후의 괘(卦)의 내용을 잘 이해하고 통변을 해야 한다.

▍가택점(家宅占)

- 가택점에는 내괘(內卦)와 외괘(外卦)의 관계를 긴밀하게 살펴보아야 한다.
- 이효(二爻)는 가택자리이다.
- 이효(二爻)에 손효(孫爻) 또는 재효(財爻)가 있으면 길(吉)하다.
- 이효(二爻)에 청룡(靑龍)과 주작(朱雀)이 있으면 길(吉)하다.
- 이효(二爻)에 백호(白虎)와 등사(螣蛇)가 있으면 흉(凶)하다.

- 이효(二爻)에 일진(日辰)이 형, 파(刑, 破)하면 흉(凶)하다.
- 이효(二爻)에 육친이 관귀(官鬼)고 육수(六獸)가 주작(朱雀)
  이 위치하면 관재, 구설이 따른다.

신수점(身數占)

- 자기점(自己占)에는 세효(世爻)가 용신(用神)이다.
- 일진(日辰), 월건(月建)과 동효(動爻)에 충, 파(沖, 破)가 오는
  지의 여부와 생극비화(生剋比和)의 관계를 참작해서 길흉
  (吉凶)을 판단하여야 한다.
- 신수점(身數占)에는 월건(月建)을 가장 중요시한다.
- 세효(世爻)와 용효(用爻)에 형충파해(刑沖破害)가 오면 흉
  (凶)하다.
- 세효(世爻)와 용효(用爻)에 육수(六獸)가 현무(玄武)가 오면
  모든 일이 지연되고 불길(不吉)하다.
- 일년 신수 보는 법도 월(月)과 일(日) 그리고 세응(世應) 등이
  오행(五行) 상생상극법(相生相剋法)에 의하여 길흉(吉凶)이
  판단된다.

재물점(財物占)

- 재물이나 금전에 관한 점(占)에는 재효(財爻)가 용신(用神)이다.

- 재효(財爻)가 왕(旺)하고 손효(孫爻)로 길하면 모든 일이 금전적으로 잘 풀린다.

- 재효(財爻)가 일진(日辰)이나 월건(月建)의 생조를 받으면 대길(大吉)하나 형충파해(刑沖破害)를 받으면 흉(凶)하다.

- 재효(財爻)가 왕성(旺盛)하고 동(動)하면 모든 사업이 길하고 빠르게 성취한다.

- 재효(財爻)와 손효(孫爻)가 은복(隱伏)이 되어 있으면 재물을 구하기 어렵다.

- 손효(孫爻)가 동(動)하여 재효(財爻)로 변(變)하면 큰 재물이 따른다.

- 재효(財爻)가 손효(孫爻)와 삼합(三合)하면 대길하다.

구직관직시험점(求職官職試驗占)

- 관직(官職), 시험(試驗), 입학 또는 승진에는 세효(世爻)로 용신(用神)을 삼는다.
- 관효(官爻)와 부효(父爻)로 길흉(吉凶)을 판단한다.
- 부효(父爻)가 왕성(旺盛)하면 시험(試驗)에 합격(合格)하고 관효(官爻)가 득지(得地)하면 승진 또는 구직하게 된다.
- 관효(官爻)가 세효(世爻) 용효(用爻)를 생조하면 대길하고 충파해(沖破害)하면 불길하다
- 세효(世爻)와 용효(用爻)가 일진(日辰)이나 월건(月建)의 생(生)함을 받으면 시험(試驗)에 합격(合格)한다.
- 세효(世爻)와 용효(用爻)가 일진(日辰)이나 월건(月建)의 극(剋)을 받으면 낙제한다.
- 관효(官爻)와 부효(父爻)에 육수(六獸) 청룡(靑龍)이 위치하고 동(動)하면 대길하다.
- 관효(官爻)와 부효(父爻)에 육수(六獸) 등사(螣蛇) 백호(白虎)가 위치하면 불길하다.

질병점(疾病占)

질병점(疾病占)에는 세효(世爻)를 용신(用神)으로 하고 신명(身命)의 위치와 손효(孫爻)의 관계를 잘 살펴야 한다.

- 질병점(疾病占)에는 손효(孫爻)가 필요한데 이유는 관효(官爻)를 질병으로 보고 손효(孫爻)가 관효(官爻)를 제압하므로 괘(卦) 중에는 손효(孫爻)가 있어야 하고 없으면 관효(官爻)를 제압하지 못하므로 약을 써도 잘 낫지 않는다.
- 관효(官爻)에 신명(身命)이 있으면 좋지 못하고 특히 명(命)이 있으면 중병이다.
- 신명(身命)에 현무(玄武) 또는 백호(白虎)가 위치하면 흉(凶)하다.
- 병점(病占)에는 손(孫)이 음식이다.
- 관효(官爻)가 일진(日辰)이나 월건(月建)의 충(沖)을 받으면 병은 호전되며 파(破)를 받으면 병(病)이 깨져 나가버린다.
- 관효(官爻)가 은복(隱伏) 되어 있는 경우는 그 병세가 미약하나 일진(日辰)이나 월건(月建)의 충파(沖破)를 받아 상승(上昇)되면 병세가 악화된다.
- 관효(官爻)에 진술축미(辰戌丑未)가 위치하여 고(庫)가 되어 갇히면 병이 떠나지 못하니 흉(凶)하다.

▌오행으로 보는 병의 종류
(五行으로 보는 病의 種類)

- 인묘목(寅卯木) 관귀(官鬼)가 신위(身位)에 임하면 빈혈 또는 간(肝)의 병이다.
- 사오화(巳午火) 관귀(官鬼)가 신위(身位)에 임하면 심장 또는 마음의 병이다.
- 진술축미토(辰戌丑未土) 관귀(官鬼)가 신위(身位)에 임하면 위(胃)의 병이다.
- 신유금(申酉金) 관귀(官鬼)가 신위(身位)에 임하면 골절상이 많고 또는 폐에 이상이 있다.
- 해자수(亥子水) 관귀(官鬼)가 신위(身位)에 임하면 방광, 신장의 병이다.

관재 및 소송점(官災 및 訴訟占)

소송점(訴訟占)에서 세(世)는 나이고 응(應)은 소송 관련된 상대방이다. 그렇기 때문에 세응관계(世應關係) 및 신(身)과 살(殺), 관귀(官鬼)의 동태를 잘 살펴야 한다.

여기서 관은 관청(官廳)이고 힘을 갖고 있고 나를 좌지우지할 수 있으므로 관귀(官鬼)가 나를 도우면 길(吉)하고 응(應)을 극(剋)하면 내가 승리하게 된다.

- 세응(世應)이 서로 합(合)하면 상호 간 합의한다.
- 육수(六獸) 청룡(靑龍)이 관귀(官鬼)에 위치하면 소송에 승리한다.
- 육수(六獸) 백호(白虎)가 관귀(官鬼)에 위치하면 불리하고 실형을 받는 경우가 많다.
- 육수(六獸) 청룡(靑龍)이 부효(父爻)에 위치하면 좋은 소식 또는 문서 운이 있어 소송에 유리하다.
- 소송 중에 화뢰서합(火雷噬嗑)이나 지화명이(地火明夷) 괘(卦)가 나오면 불길하다.
- 소송 중에 수뢰둔(水雷屯) 괘(卦) 나오면 옥에 갇힌다.
- 풍수환(風水渙)이나 뢰수해(雷水解) 괘(卦)가 나오면 석방된다.
- 일진(日辰)이 관효(官爻)를 극(剋)하면 죄는 가중 처벌된다.

혼인점(婚姻占)

- 남자의 경우 재(財)를 여자로 보며 여자의 경우 관(官)을 남자로 본다.
- 세응(世應)의 경우 내가 세(世)이므로 응(應)은 상대가 된다.
- 남녀 공히 신(身)을 자신으로 본다.
- 세응(世應)이 서로 상생하면 길(吉)하고 상극되면 불길하다.
- 지천태(地天泰) 괘(卦)가 나오면 혼인에 대길(大吉)하다.
- 천화동인(天火同人)은 가정을 이루는 괘(卦)이므로 혼인에 아주 좋다.
- 풍산점(風山漸)은 여자가 시집가는 괘(卦)이므로 혼인에 더할 나위 없이 좋다.
- 뇌택귀매(雷澤歸妹)는 혼인 괘(卦)는 맞으나 돌아온다는 뜻이므로 좋지 못하고 혼인(婚姻)한다고 하더라도 평범치 못한 혼인이다. 예를 들어 본인(本人)은 초혼인데 상대는 재혼(再婚)이거나 자손(子孫)이 있다거나 아니면 나이 차이가 상당히 많거나 이런 경우가 많다.
- 혼인점(婚姻占)을 볼 때 수풍정(水風井) 괘(卦)가 나오면 나의 혼인 상대를 타인(他人)에게 빼앗기는 경우가 종종 있으므로 조심해야 한다.
- 관효(官爻)가 은복(隱伏)이 되어 있거나 공망(空亡)이면 혼인이 잘 성사되지 않는다.

- 혼인은 관(官)에서 허가하는 것인데 은복이 되어 있으면 힘이 미약하므로 혼인이 쉽지 않을뿐더러 공망이 오면 어긋나는 경우가 많다.
- 남자의 점(占)에 두 개의 재효(財爻)가 있거나 여자의 점(占)에 두 개의 관효(官爻)가 있으면 남녀 공히 재혼이다.
- 혼인점(婚姻占)에서 관효(官爻)에 세효(世爻)가 위치하면 혼인이 무난하게 성사된다.

이사점(移徙占)

- 초효(初爻)가 왕성하면 농촌(農村)이 길(吉)하고 오효(五爻)가 왕(旺)하면 대도시가 좋다.

- 내괘(內卦)가 동(動)하면 멀리 가지 않을 것이며 외괘(外卦)가 동하면 멀리 가게 되고 해수(亥水)나 자수(子水)의 비신(飛神)이 동(動)했을 경우에는 바다를 건너갈 수도 있는데 역마(驛馬)에 충(沖)을 받으면 해외로 가는 수가 많다.

- 육수(六獸)가 백호가 오면 급하게 이사가게 될 것이며 청룡(靑龍)이 이효(二爻) 즉 가택궁(家宅宮)에 위치하고 동(動)하면 이사 하는 것이 좋고 이사 후에 더욱 길(吉)하다.

- 이사점에는 세효(世爻)가 공망이거나 일진(日辰) 또는 월건(月建)으로부터 형파해(刑破害)를 받으면 이사를 하지 않는 것이 좋다.

산송역수와 생활풍수

태아의 남녀 구별

- 손효(孫爻)가 자손이니 음효(陰爻)에 위치하는지 양효(陽爻)에 위치하는지 확인하고 음효(陰爻)에 위치하면 여아(女兒)이며 양효(陽爻)에 위치하면 남아(男兒)이다. 또한 임신 5주 미만일 경우 음효(陰爻)가 동(動)해서 양효(陽爻)로 변하면 남아(男兒)이며 양효(陽爻)가 동(動)해서 음효(陰爻)로 변하면 여아(女兒)를 잉태한다.

- 손효(孫爻)가 괘내(卦內) 없을 경우에는 복신(伏神)에서 찾아 감별한다.

- 이효(二爻)에 일진(日辰)과 월건(月建)의 충파(沖破)를 받으면 유산되거나 낙태의 가능성이 많다.

사람 찾는 점(人搜占)

용신(用神)은 찾는 상대가 육친관계이면 육친법(六親法)에 의하여 정하고 타인(他人)의 경우 응(應)이 용신(用神)이다. 그러나 찾는 상대가 관직(官職)에 있으면 관효(官爻)가 용신(用神)이 된다.

- 찾는 이가 학생이면 손효(孫爻)가 용신(用神)이다.
- 찾는 이가 친구이면 형효(兄爻)가 용신(用神)이다.
- 찾는 이가 외괘(外卦)에 있으면 먼 곳에 있다.
- 찾는 이가 내괘(內卦)에 있으면 가까운 곳에 있다.
- 찾는 이가 동효(動爻)에 위치하면 이동 중이거나 도망 중에 있고 방향으로 볼 때 자해수(子亥水)는 북쪽이고 사오화(巳午火)는 남쪽이며 인묘목(寅卯木)은 동쪽이고 신유금(申酉金)은 서쪽이며 진술축미토(辰戌丑未土)는 중앙(中央)이다.
- 동효(動爻)와 변효(變爻)의 관계는 이동 방향이므로 잘 살펴봐야 한다.
- 용신(用神)이 동(動)하면 거처를 자주 옮겨 다니지만 안정되어 있으면 머물러 있으므로 찾기가 한결 편하다.

- 용신(用神)이 은복(隱伏) 되어 있으면 찾기 힘들고 충파(沖破)로 인하여 상승하면 찾을 수 있다.
- 용신(用神)이 동(動)하여 일진(日辰)과 합(合)을 이루며 깊이 숨어버려서 찾기 어렵고 공망(空亡)을 만나면 더더욱 찾기 힘들다.

육친생성 과정(六親 生成 課程)

| 육친(六親)이란?

부모(父母), 자손(子孫), 관귀(官鬼), 처재(妻財), 형제(兄弟)의 인적관계를 말하는 것인데 이 육친을 오행(五行)의 상생상극(相生相剋)으로 표출해서 각 효(爻)에 붙이는 것이다.

이 육친(六親)이 정해져야만 용신(用神)을 정할 수 있으며 여기서 육친(六親)이 산출되는 원리와 정국을 설명하도록 한다.

| 육친정법(六親正法)

- 생아자부모(生我者父母) 나를 생하는 자는 부모이다.
- 아생자자손(我生者子孫) 내가 생하는 자는 자손이다.

- 극아자관귀(剋我者官鬼) 나를 극하는 자는 관귀이다(관귀는 관청을 뜻함=官廳).

- 아극자처재(我剋者妻財) 내가 극하는 자는 처재다(처와 재물).

- 비화자형제(比和者兄弟) 나와 동등한 자는 형제다(주변인을 뜻함).

육친(六親) 붙이는 법

예

산천대축(山天大蓄) 괘(卦)로 육친(六親)을 붙인다면 산천대축은 간토궁(艮土宮)이고 토(土)가 중심이자 본인(本人)이 되는 것이다.

- 그럼 초효(初爻)에 비신(飛神)이 자(子)이고 자는 오행이 수(水)이므로 토(土)가 극(剋)을 하게 되고 내가 극을 하는 것은 처재(妻財)가 되는 것이다.

- 이효(二爻)는 비신(飛神)이 인(寅)이니 인은 오행이 목(木)이고 토(土)를 극(剋)을 하게 되고 나를 극(剋)하는 것은 관귀(官鬼)가 된다.

육친생성 과정(六親生成課程)

- 삼효(三爻)는 진(辰)이고 오행이 토(土)이니 같은 토(土)이기에 형제(兄)가 된다.
- 사효(四爻)도 술(戌)이고 오행이 토(土)이니 같은 토(土)이기에 형제(兄)가 된다.
- 오효(五爻)는 자(子)이고 오행이 수(水)이니 토(土)가 극(剋)을 하니 처재(妻財)가 된다.
- 상효(上爻)는 인(寅)이고 오행이 목(木)이니 토(土)를 극(剋)을 하므로 관귀(官鬼)가 된다.

관귀(官鬼)	인(寅)	▬ 상효(上爻)			
처재(妻財)	자(子)	▬▬ 오효(五爻)	상괘(上卦)	외괘(外卦)	칠(七)
형제(兄)	술(戌)	▬▬ 사효(四爻)			
형제(兄)	진(辰)	▬ 삼효(三爻)			
관귀(官鬼)	인(寅)	▬ 이효(二爻)	하괘(下卦)	내괘(內卦)	일(一)
처재(妻財)	자(子)	▬ 초효(初爻)			

| 세응과 세응 붙이는 법(世應과 世應 붙이는 法)

세응(世應)이란 간단하게 말하자면 나와 상대방을 의미하는 것이고 세가 본인(本人)이고 응이 상대(相對)가 된다.

세응은 괘(卦)를 풀이할 때 없어서는 안 되는 중요한 역할을 하므로 어디에 위치하는지 잘 숙지하고 있어야 하며 세를 구하면 응은 세로부터 세 칸을 이동하면 그 자리가 응이 되기 때문에 응을 따로 찾거나 구하지 않는다. 또한 세응을 붙이는 법은 밑의 각 궁에 속한 괘(卦)의 순서에 의해서 그 위치가 정해진다.

건금궁(乾金宮)		태금궁(兌金宮)		이화궁(離火宮)	
중건천(重乾天	上世)	중태택(重兌澤	上世)	중이화(重離火	上世)
천풍구(天風姤	初世)	택수곤(澤水困	初世)	화산려(火山旅	初世)
천산둔(天山遯	2)	택지췌(澤地萃	2)	화풍정(火風鼎	2)
천지비(天地否	3)	택산함(澤山咸	3)	화수미제(火水未濟	3)
풍지관(風地觀	4)	수산건(水山蹇	4)	산수몽(山水夢	4)
산지박(山地剝	5)	지산겸(地山謙	5)	풍수환(風水換	5)
화지진(火地晋	4)	뢰산소과(雷山小過	4)	천수송(天水訟	4)
화천대유(火天大有	3)	뢰택귀매(雷澤歸妹	3)	천화동인(天火同人	3)
천유청(天㽷晴	5)	택유형통(澤㽷亨通	5)	뢰유양(雷㽷養	5)

진목궁(震木宮)		손목궁(巽木宮)		감수궁(坎水宮)	
중진뢰(重震雷	上世)	중손풍(重巽風	上世)	중감수(重坎水	上世)
뢰지예(雷地豫	初世)	풍천소축(風天小畜初世)		수택절(水澤節	初世)
뢰수해(雷水解	2)	풍화가인(風火家人	2)	수뢰둔(水雷屯	2)
뢰풍항(雷風恒	3)	풍뢰익 (風雷益	3)	수화기제(水火旣濟	3)
지풍승(地風昇	4)	천뢰무망(天雷无忘	4)	택화혁(澤火革	4)
수풍정(水風井	5)	화뢰서합(火雷噬嗑	5)	뢰화풍(雷火豊	5)
택풍대과(澤風大過	4)	산뢰이(山雷頤	4)	지화명이(地火明夷	4)
택뢰수(澤雷隨	3)	산풍고(山風蠱	3)	지수사(地水師	3)
수유림(水曘林	5)	산유화(山曘花	5)	지유절(地曘切	5)
간토궁(艮土宮)		곤토궁(坤土宮)		유화궁(曘火宮)	
중간산(重艮山	上世)	중곤지(重坤地	上世)	중현유(重眩曘	上世)
산화비(山火費	初世)	지뢰복(地雷復	初世)	유택선(曘澤善	初世)
산천대축(山天大畜	2)	지택림(地澤臨	2)	유풍정(曘風正	2)
산택손(山澤損	3)	지천태(地天泰	3)	유수유(曘水柔	3)
화택규(火澤睽	4)	뢰천대장(雷天大壯	4)	풍유속(風曘速	4)
천택이(天澤履	5)	택천쾌(澤天快	5)	화유열(火曘熱	5)
풍택중부(風澤中孚	4)	수천수(水天需	4)	유천명(曘天明	4)
풍산점(風山漸	3)	수지비(水地比	3)	유지극(曘地極	3)
유화강(曘火剛	5)	유뢰인(曘雷忍	5)	유산도(曘山道	5)

산송역수와 생활풍수

예

예를 들어 괘(卦)가 화천대유(火天大有)라고 가정을 해보자.

화천대유는 건금궁(乾金宮)이며 세(世)는 삼효(三爻)에 위치하게 되고 응(應)은 세 칸을 이동하여 붙게 되니 상효(上爻)에 위치하게 된다.

	― 상효(上爻)	응(應)	
(三) 삼이화(三離火)	-- 오효(五爻)		상괘 (上卦)
	― 사효(四爻)		
	― 삼효(三爻)	세(世)	
(一) 중건천(重乾天)	― 이효(二爻)		하괘 (下卦)
	― 초효(初爻)		

▌ 세응조견표(世應早見表)

세효(世爻)	응효(應爻)
육세(六世)	삼응(三應)
오세(五世)	이응(二應)
사세(四世)	일응(一應)
삼세(三世)	육응(六應)
이세(二世)	오응(五應)
초세(初世)	사응(四應)

▌ 동효(動爻)와 변효(變爻)

동효(動爻)는 말 그대로 움직이는 것을 뜻하며 움직여 변해서 바뀌는 효를 변효(變爻)라고 한다.

그럼 동효와 변효가 만들어지는 것을 알아보자. 동효는 괘(卦)를 만들 때 마지막에 붙이는 숫자가 동효(動爻)다. 그 동효가 움직여서 변효(變爻)가 되면 전체 괘(卦)가 변하게 된다.

산천대축(山天大蓄)

인(寅)	— 상효(上爻)				7
자(子)	-- 오효(五爻)	상괘 (上卦)	외괘 (外卦)	칠 (七)	
술(戌)	-- 사효(四爻)				1
진(辰)	— 삼효(三爻)				
인(寅)	— 이효(二爻)	하괘 (下卦)	내괘 (內卦)	일 (一)	3
자(子)	— 초효(初爻)				

　　오른쪽 숫자 7, 1, 3이 나온 괘(卦)이다. 상괘(上卦)가 7이니 칠간산(七艮山)이 되고 하괘(下卦)가 1이니 중건천(重乾天)이 된다. 두 괘가 하나가 되면 산천이 되고 산천은 대축이니 팔십일괘 중 간토궁(艮土宮)의 산천대축(山天大蓄) 괘가 만들어진 것이고 동효(動爻)가 3이니 삼효(三爻)가 움직이게 되고 양(陽)에서 음(陰)으로 변하여 이태택(二兌澤)으로 변하니 전체의 괘가 산택손(山澤損)으로 새로운 괘가 만들어진다.

▎신명(身命)이란?

신명이란 산송역수(山松易數)내에서 풀이를 할 때 본인(本人)의 현재 상황과 또는 내가 어디에 머물고 있고 어디로 움직이고 있으며 재운(財運) 또는 남녀운(男女運), 사업운(事業運) 등을 보는 것을 신명(身命)으로 알 수 있다.

▎신명(身命) 붙이는 법

신명을 붙이려면 우선 세응(世應)의 세(世)를 알아야 신명을 찾을 수가 있다. 즉 세응의 세(世)의 옆의 비신이 어떤 십이지지(十二地支)냐에 따라서 신명의 위치가 다르게 되고 십이지지(十二地支)의 비신(飛神)이 충(沖)이 되어 나오는 곳을 신명(身命)의 신(身)이 되는 것이며 명(命)은 신(身)에서 세 칸 이동하면 명(命)의 자리가 된다.

그럼 산천대축의 괘(卦)로 예를 들어 보겠다.

산천대축(山天大蓄)

		명/응/신/세	상괘/하괘	외괘/내괘	칠/일	
인(寅)	── 상효(上爻)	명(命)	상괘(上卦)	외괘(外卦)	칠(七)	7
자(子)	── 오효(五爻)	응(應)				
술(戌)	── 사효(四爻)					1
진(辰)	── 삼효(三爻)	신(身)		인신충(寅神沖)		
인(寅)	── 이효(二爻)	세(世)				3
자(子)	── 초효(初爻)		하괘(下卦)	내괘(內卦)	일(一)	

산천대축(山天大蓄)은 간토궁(艮土宮)이며 세응(世應)의 세(世)가 이효(二爻)에 자리한다. 따라서 이효(二爻)의 비신(飛神)이 인(寅)이고 이와 충(沖)하는 자리를 초효(初爻)부터 순서대로 찾아 올라가면 삼효(三爻)가 신명(身命)의 신(身)이 되고 세 칸 이동을 한 상효(上爻)가 명(命)이 된다.

| 복신(伏神)이란?

　복신(伏神)이란 괘(卦)를 뽑아서 나온 비신(飛神) 중에 없는 것을 말하며 그 없는 비신을 찾아야만 하고 보통 없는 비신, 즉 복신(伏神)이 용신(用神)이 된다.

| 복신(伏神) 찾는 법

　복신(伏神)을 찾을 때는 먼저 괘(卦)가 무슨 궁(宮)인지 알아야 하며 그 궁의 비신(飛神) 중에 없는 것을 비신구괘납갑법(飛神九卦納甲法)에 의해서 찾아 붙이는 것이다.

산천대축(山天大蓄)

인(寅, 목) ― 상효(上爻)		상괘 (上卦)	외괘 (外卦)	칠 (七) 7
자(子, 수) -- 오효(五爻)				
술(戌, 토) -- 사효(四爻)				1
진(辰, 토) ― 삼효(三爻)	신금 (申金)			
인(寅, 목) ― 이효(二爻)	오화 (午火)			
자(子, 수) ― 초효(初爻)		하괘 (下卦)	내괘 (內卦)	일 (一) 3

현재 산천대축의 괘(卦)에서는 오행(五行) 중에 화(火) 금(金)이 없다. 그럼 이 화, 금을 산천대축이 속해 있는 간토궁(艮土宮)의 비신(飛神)에서 찾는다.

간토궁의 비신은 진오신 술자인이므로 초효(初爻)부터 올라가면 오화(午火)가 이효(二爻) 신금(申金)이 삼효(三爻)에 위치하며 복신(伏神)이 된다.

육효로 보는 원진

본래 원진살(怨嗔殺)은 서로 충(沖)을 피하려고 하다가 빗나가 만나는 것이 원진이다.

예를 들어 십이지지(十二地支)의 맨 처음 시작인 자(子)가 충이 되면 7충인 오(午)를 만나서 자오충(子午沖)이 되는데 이것을 피하려고 해서 하나 앞으로 가서 미(未)를 만나게 되며 이것이 바로 원진이 되는 것이다.

하지만 늑대 피하려다 범을 만난다고 원진은 충보다 더 안 좋은 상극(相剋)이 되어서 서로 사이가 좋지 못하고 남녀는 원진인 상대를 만나면 오래 가는 경우가 드물며 반드시 남녀가 아니라도 사업 동료를 원진인 상대를 만나도 결과는 좋지 못하다.

① 자(子)	② 축(丑)	③ 인(寅)	④ 묘(卯)	⑤ 진(辰)	⑥ 사(巳)
↓	↓	↓	↓	↓	↓
⑦ 오(午)	⑧ 미(未)	⑨ 신(申)	⑩ 유(酉)	⑪ 술(戌)	⑫ 해(亥)

위와 같이 ① 자(子)가 ⑦ 오(午)를 만나면 충이 되기 때문에 한 칸 앞으로 가서 ⑧ 미(未)를 만나게 된 것이 자미(子未) 원진 이다.

하지만 반드시 앞으로 한 칸만 가는 것은 아니고 음양(陰陽) 으로 나누어 음(陰)은 뒤로 한 칸 이동하고 양(陽)은 앞으로 한 칸 이동한다.

만약 ② 축(丑)의 원진을 찾는다면 음(陰)이기 때문에 뒤로 한 칸 가서 오(午)를 만나게 되고 축오(丑午) 원진이 된다.

이와 같은 방법으로 원진을 찾아보면 원진은 자미(子未), 축오 (丑午), 인유(寅酉), 묘신(卯申), 진해(辰亥), 사술(巳戌)이 된다.

산송역수에서 사업점을 보는데 응(應), 즉 비즈니스 파트너인 상대방이 원진이면 의견 충돌이 많고 서로 원만하게 가기 힘들며 또 어떠한 업체에 물건을 납품한다고 가정했을 때 담당자가 나와 원진이 되는 사람이라면 사사건건 트집이 많고 어려움을 겪는 경우가 상당히 많다.

게다가 살다 보면 나에게 뭐라 하지도 않고 그다지 상관없는 사람인데도 왠지 모르게 그냥 싫은 사람이 있는데 그런 사람의 띠를 알아보면 본인과 원진인 경우가 많다.

이렇게 원진은 서로 합(合)을 이루지 못하고 상생(相生)이 힘들기 때문에 피하는 것이 상책이다.

▌공망(空亡)이란?

공망이란 글자 자체에서도 그대로 알 수 있듯이 텅 비어 있는 상태 즉 무슨 일을 해도 성사가 안 되고 이루어지지 않는 것을 뜻한다.

어떤 일을 추진하는데 문서에 공망이 들어와 있다면 계약이 성사되지 않거나 된다 한들 안 좋은 결과를 초래하는데

예를 들어 결혼하려고 선을 보고 상대방과 나의 궁합을 봤는데 상대 자리에 공망이 들어와 있으면 그 결혼은 이루어지기 힘든 것이고 이것을 공망의 작용이라고 보면 맞다.

이렇게 공망은 좋지 않은 작용을 하는 경우도 있지만 반대로 몸에 병(病)이 왔는데 공망이 들어 왔다면 병이 더 발전이 없고 병이 물러가게 되어 좋은 작용을 하기도 한다.

※ 공망(空亡)은 잘 성사되지 않는다고 보지만 필자가 많은 실관을 통해 통계를 낸 바에 의하면 공망(空亡)이라 하여 다 성사가 안 된다고 볼 수 없기에 공망(空亡)은 간절히 바란다. 다시 말하면 한(恨)과 그리움으로 보는 게 더 정확하다.

▍ 공망(空亡) 찾는 법

공망은 일진을 기준으로 찾는 데 십간(十干)과 십이지지(十二地支) 10개를 세고 남은 지지(地支) 2개가 공망이 된다.

예를 들어 날짜가 갑자일(甲子日)이라면

갑자일(甲子日) → 술(戌), 해(亥)가 공망(空亡)이다.

갑(甲)	자(子)	일(日)
을(乙)	축(丑)	
병(丙)	인(寅)	
정(丁)	묘(卯)	
무(戊)	진(辰)	
기(己)	사(巳)	
경(庚)	오(午)	
신(申)	미(未)	
임(壬)	신(申)	
계(癸)	유(酉)	
	술(戌)	
	해(亥)	

팔십일괘(八十一卦)의 풀이

01. 중건천(重乾天) ☰ ☰

- 상(上)이 하늘이고 하(下)도 하늘이다.

- 즉 끝이 없는 웅장한 하늘은 아주 큰 발전을 의미한다.

- 건(乾)은 위대한 창조의 근원이며 천지만물(天地萬物)의 시작이다.

- 하늘은 태초에서 영원까지 항상 밝고 빛나며 위대한 조화를 이룬다.

- 팔십일괘 중에 가장 으뜸이 되는 괘(卦)이며 남자(男子)의 괘(卦)다.

- 행운을 가져다주는 길(吉)괘다. 그러나 이 괘(卦)를 얻은 자(者)는 자칫 내리막으로 갈 수도 있는데 그 이유는 더할 나위 없이 좋은 괘(卦)이므로 더 이상 발전의 여지가 없기 때문이다. 그렇기 때문에 항상 언행을 조심하고 각별히 주의하여야만 한다.

02. 중곤지(重坤地) ☷☷

• 중곤지(重坤地)는 위에도 땅이고 아래도 땅이다.

• 즉 광활한 대지(大地)를 뜻하는 것이며 크게 발전함을 상징
한다.

• 막힘없이 크고 넓은 대지이기에 무한한 가능성이 있고 본인
(本人)이 하는 만큼 이룰 수 있다.

• 곤(坤)은 위대한 생명력(生命力)을 지닌 만물의 근원이다.

• 이 괘(卦)는 여자의 괘(卦)이기도 하며 온순한 암말에 비유하
기도 한다.

• 이 괘(卦)를 얻은 자(者)는 암말처럼 온순하게 자기 자신을
지키면서 하늘에 섭리에 따라 이치를 행하여야만 한다.

• 서두르면 안 된다.

03. 수뢰둔(水雷屯) ☵ ☳

- 위에는 수(水)요, 아래는 뢰(雷)니 수뢰둔(水雷屯)이라 한다.

- 이 괘(卦)는 음양(陰陽)이 처음으로 교감(交感)하여 새로운 것을 만드는 형상이다.

- 엄청난 고난(苦難)이 있음을 암시(暗示)하며 81괘 중 6대 난괘(難卦) 중에 하나다. 따라서 일이 순조롭지 못하다.

- 이 괘(卦)를 얻은 자(者)는 항상 마음이 불안하다.

- 침착하지 않으면 화가 올 것이다.

04. 산수몽(山水蒙) ☶ ☵

- 위에는 산(山)이요, 아래는 수(水)이니 이를 산수몽(山水蒙)이라 한다.

- 몽(蒙)은 어리다는 뜻을 가지고 있다.

- 어리기 때문에 앞으로 성장 가능성이 많다.

- 이제 시작단계이므로 욕심을 부려서는 아니 된다.

- 뭔가를 배우는 것처럼 한 단계 한 단계 차근차근 천천히 한 걸음씩 나아가야 한다.

- 산수몽(山水蒙)은 길(吉)괘다.

- 아무리 급해도 어린아이에게 어려운 학문(學文)을 가르쳐 줄 수는 없다.

산송역수와 생활풍수

05. 수천수(水天需) ☵ ☰

- 위에는 수(水)요, 아래는 천(天)이니 수천수(水天需)라고 한다.

- 수(需)는 수(須)라는 의미와도 같아서 기다리다라는 뜻이 있다.

- 기다리라는 말은 아직 때가 아니다라는 말과 같다.

- 기다리면 좋은 소식이 온다.

- 이 괘(卦)를 얻은 자(者)는 현재 답답하고 괴로울지라도 참고 인내(忍耐)하며 때를 기다리며 한결같이 노력해야 할 것이다.

- 물 관련 사업은 아주 좋다.

06. 천수송(天水訟) ☰ ☵

- 위에는 하늘(天)이고 아래는 물(水)이다. 이 괘(卦)를 천수송 (天水訟)이라 한다.

- 타인(他人)과 의견이 맞지 않고 갈등과 대립이 예상된다.

- 이 괘(卦)는 흉(凶)괘다.

- 이 괘(卦)를 얻은 자(者)는 다툴 일이 자주 생기므로 각별히 주의하여야만 하며 항상 조심해야 한다.

- 참고 인내하지 않으면 관재, 재구설이 따른다.

07. 지수사(地水師) ☷ ☵

- 위에는 땅(坤)이요, 아래는 물(水)이다. 이 괘(卦)를 지수사 (地水師)라고 한다.

- 지수사(地水師) 괘(卦)의 의미(意味)는 장수(將帥)가 수많은 군사(軍士)를 이끌고 전장(戰場)에 나가는 것을 뜻한다.

- 상당히 강(强)한 기운(氣運)이다. 따라서 때론 험난하고 고난이 따르기도 하지만 충분히 이겨 나갈 수 있다.

- 이 괘(卦)는 길(吉)괘다.

08. 수지비(水地比) ☵ ☷

- 위에는 물(水)이요, 아래는 땅(地)이다.

- 비(比)는 견주다, 즉 잘 비교하라는 뜻이다.

- 물(水)이 위에서 아래로 흐르는 것은 당연한 이치이므로 순탄하게 간다라는 것이다.

- 그러나 주위 사람과 친근하게 지내지 않으면 다소 문제가 생길 수도 있으므로 주의하여야 하며 서로 협력해야만 한다.

09. 풍천소축(風天小畜) ☴ ☰

- 위에는 바람(風)이고 아래는 하늘(天)이다.

- 소축(小畜)은 조금 쌓는다, 조금 모으다라는 뜻이다.

- 이 괘(卦)는 구름이 비를 머금고 있으나 아직 비가 되지 아니한 상태를 말한다.

- 열심히 해도 큰 성과를 보기는 힘들다. 아직 때가 안됐음을 말해준다.

- 이 괘(卦)를 얻은 자(者)는 어떠한 계획이 있을 경우에 적어도 4개월 이상은 참고 기다려야 소식이 온다.

10. 천택이(天澤履) ☰ ☱

- 위에는 천(天)이요, 아래는 못(澤)이다.

- 하늘 아래 연못의 모습이니 얼마나 태평스러운가!

- 허나 이(履)라는 글자는 밟다라는 뜻이다. 즉 남의 뒤를 따라가야지 본인이 앞장서서 나서면 좋지 못하다. 즉 유유히 그냥 따라가야만 별 탈이 없다.

- 문서(文書)는 길(吉)하다.

11. 지천태(地天泰) ☷ ☰

- 위에는 땅(地)이요, 아래는 하늘(天)이다.

- 위와 아래가 바뀌기는 했으나 태(泰)는 태평하다는 뜻이 있
  으므로 땅과 하늘이 하나가 되어 심히 좋고 편안하다는 것
  을 의미한다.

- 이 괘(卦)는 길괘(吉卦)로 아주 좋은 성운(成運)이다.

12. 천지비(天地否) ☰ ☷

- 위에는 하늘(天)이고 아래는 땅(地)이다.

- 비(否)는 막힌다는 뜻이다.

- 위가 하늘이고 아래가 땅이면 사실상 정상이라고 생각하는 것이 통상적인 생각이지만 높은 하늘과 낮은 땅은 화합하기가 어렵다.

- 이 괘(卦)는 흉(凶)괘다.

- 이 괘(卦)를 얻은 자(者)는 한동안 자중함이 좋다.

13. 천화동인(天火同人) ☰ ☲

- 위에는 하늘(天)이고 아래는 불(火)이다.

- 높은 하늘과 불은 같은 성질을 가지고 있다. 높이 솟구치는 불은 위로 올라가는 특성이 있기 때문이다.

- 동인(同人)은 뜻을 같이한다는 의미다.

- 이 괘(卦)를 얻은 자(者)는 사업운도 좋으며 특히 동업하기에 아주 좋다.

- 지금까지의 근심과 걱정은 사라지고 앞이 훤히 보인다.

- 가정을 이루는 괘(卦)이며 상당히 좋은 길괘(吉卦)다.

14. 화천대유(火天大有) ☲ ☰

- 위에는 불(火)이요, 아래는 하늘(天)이다.

- 대유(大有)는 크게 소유한다는 뜻이다.

- 위에는 불이고 아래는 하늘, 즉 하늘 위에 불은 태양을 뜻
  하는 것이고 태양이 위에서 골고루 햇빛을 비추고 있으니 얼
  마나 좋은가!

- 이 괘(卦)는 상당히 좋은 길괘(吉卦)다.

15. 지산겸(地山謙) ☷ ☶

- 위에는 땅(地)이요, 아래는 산(山)이다.

- 겸(謙)은 포개다, 뭔가를 같이 한다는 뜻이 있다. 따라서 두 가지를 동시에 하는 일이 생기기 때문에 신고(身苦)할 수밖에 없다.

- 겸손하지 않으면 손해(損害)가 온다.

16. 뢰지예(雷地豫) ☳ ☷

- 위는 우레(雷)요, 아래는 땅(地)이다.

- 우레가 땅에서 튀어나와 하늘로 오르는 기세(氣勢)로 봄을 맞은 형상으로 기운(氣運)이 강한 때다.

- 잘 예비하고 준비하면 대길(大吉)하다

- 예(豫)는 미리 내다보라는 뜻을 갖고 있으므로 잘 예측하면 모든 것이 순조롭다.

17. 택뢰수(澤雷隨) ☱ ☳

- 위에는 못(澤)이요, 아래는 우레(雷)다.

- 수(隨)는 따르다는 의미를 가지고 있다. 따라서 매사에 앞장 서지 말고 따라가는 것이 옳다.

- 이 괘(卦)를 얻은 자(者)는 이동을 하는 경우가 많고 특히 직 장을 옮긴다.

- 남성인 경우 매력적인 여성이 나타나 마음이 들뜬다.

- 이 괘(卦)는 길괘(吉卦)다.

18. 산풍고(山風蠱) ☶ ☴

- 위에는 산(山)이고 아래는 바람(風)이다.

- 고(蠱)는 벌레 먹을 '고'다. 썩어서 벌레가 먹고 있으니 얼마나 안 좋은가!

- 이 괘(卦)를 얻은 자(者)는 여러 가지 재난과 역경(逆境)이 기다리고 있다.

- 겉보기에는 멀쩡해도 속으로 썩고 있으므로 철저한 정비와 자기반성이 필요하다.

- 효소 발효와 같은 사업은 길(吉)하다.

19. 지택림(地澤臨) ☷ ☱

- 위에는 땅(地)이고 아래는 못(澤)이다.

- 연못이 땅에 있는 것은 지극히 당연하다.

- 이 운(運)은 상호(相互) 간 친근해지며 신분이 상승한다.

- 지택림(地澤臨)은 앞으로 나아간다는 의미가 있기 때문에 발전이 예상되는 괘(卦)다.

- 이 괘(卦)는 좋은 기운(氣運)으로 작용하는 길괘(吉卦)다.

20. 풍지관(風地觀) ☴ ☷

• 위에는 바람(風)이요, 아래는 땅(地)이다.

• 관(觀)은 본다, 관찰의 뜻으로 똑똑히 주의 깊게 보라는 말
이다.

• 잘 비교하면 틀린 것이 눈에 들어온다.

• 세상의 동태와 동향을 잘 살피지 않으면 손해(損害)를 보게
될 것이다.

21. 화뢰서합(火雷噬嗑) ☲ ☳

- 위에는 불(火)이요, 아래는 우레(雷)다.

- 서합(噬嗑)은 씹는다는 뜻으로 뭔가 이빨에 이물질이 끼어 있어 개운치 않은 상태를 말한다.

- 이 괘(卦)는 흉(凶)괘다.

- 하지만 조급히 굴지 말고 신중하게 처신하면 곧 길운이 있을 것이다.

22. 산화비(山火費) ☶ ☲

- 위에는 산(山)이요, 아래는 불(火)이다.

- 산화비(山火費)란 산 밑에 불이다. 즉 해가 서산 아래 기울어 있음을 말하는 것이고 해가 저물었으니 이제 곧 암흑이다. 그러므로 산 밑에 촛불 켜고 기도를 해야지만 이 역경을 이겨 나갈 수 있다는 뜻이다.

23. 산지박(山地剝) ☶ ☷

- 위에는 산(山)이요, 아래는 땅(地)이다.

- 박(剝)은 벗긴다 또는 깎는다, 갈아먹는다는 뜻을 가지고 있다.

- 이 괘(卦)는 흉(凶)괘다.

- 이 괘(卦)를 얻은 자는 모든 일이 잘되지 않으므로 자중해야 하며 사업 확장은 곧 곤두박질치는 지름길이다.

- 손실(損失)이 있고 대인관계도 좋지 않으며 잘 깨진다.

24. 지뢰복(地雷復) ☷ ☳

- 위에는 땅(地)이요, 아래는 우레(雷)이다.

- 복(復)은 돌아온다는 뜻이다.

- 겨울이 이제 지나고 봄이 온다는 것을 상징한다.

- 지금 힘들더라도 조금만 참으면 점차 성운으로 향한다.

- 이 괘는 길괘(吉卦)다.

- 좋은 기운(氣運)이 와도 본인이 준비되어 있지 않으면 허사다.

25. 천뢰무망(天雷无妄) ☰ ☳

- 위에는 하늘(天)이요, 아래는 우레(雷)이다.

- 무(无)는 무(無)와 같다.

- 무망(无妄)은 아무것도 없으니 허망하다는 뜻이다.

- 이 괘(卦)는 흉(凶)괘다.

- 이 괘(卦)를 얻은 자(者)는 매사에 모든 일이 될듯하면서도 잘 안 풀린다.

26. 산천대축(山天大畜) ☶ ☰

- 위에는 산(山)이요, 아래는 하늘(天)이다.

- 대축(大畜)은 크게 저축한다. 많이 쌓는다는 뜻이다.

- 아주 풍년이라 곡식이 창고에 가득한 형상이다.

- 어떠한 일이 있더라도 적극적으로 임하면 성공한다.

- 이 괘(卦)는 길괘(吉卦) 중 최고의 성운이다.

- 이 괘(卦)를 얻은 자(者)는 모든 일이 순조롭다.

27. 산뢰이(山雷頤) ☶ ☳

- 위에는 산(山)이요, 아래는 우레(雷)다.

- 이(頤)는 '턱 이'라는 글자다. 따라서 음식과 언어에 관해서 매우 조심 해야 하며 색정 관계에 조심하지 않으면 큰 낭패를 본다.

- 이 괘(卦)를 얻은 자(者)는 말조심 하지 않으면 화를 면치 못한다.

- 이 괘(卦)는 흉(凶)괘다.

28. 택풍대과(澤風大過) ☱ ☴

- 위에는 못(澤)이요, 아래는 바람(風)이다.

- 대과(大過)는 크게 지나치다라는 뜻이다.

- 이 운세는 겉으로는 아주 화려하나 내면에는 위험과 고난
  이 있는 상태다.

- 남녀 관계도 좋지 못하다.

- 이 괘(卦)는 흉(凶)괘다.

- 이 괘(卦)를 얻은 자(者)는 매사에 조심하고 자중해야 한다.

29. 중감수(重坎水) ☵ ☵

- 위에도 물(水)이요, 아래도 물(水)이다.

- 위, 아래로 물에 잠겼으니 좋을 리 없다.

- 이 괘(卦)는 험난한 일이 겹치는 형상이다.

- 이 괘(卦)는 흉(凶)괘다.

- 이 괘(卦)를 얻은 자(者)는 근신해야 하며 때를 기다려야 한다.

- 물과 관련된 일은 좋다.

30. 중이화(重離火) ☲ ☲

- 위에도 불(火)이고 아래도 불(火)이다.

- 불은 위로 상승하는 성질이 있으므로 아주 좋다고 할 수 있겠다.

- 불이 두 개 겹쳐있으니 밝고 훤히 내다보여서 아주 좋다고 할 수 있다.

- 이 괘(卦)는 길괘(吉卦)다.

- 이 괘(卦)를 얻은 자(者)는 모든 일이 순조롭게 진행된다.

31. 택산함(澤山咸) ☱ ☶

- 위에는 못(澤)이요, 아래는 산(山)이다.

- 이 괘(卦)는 흉괘(凶卦)로 볼 수는 없으나 뭔가 민감한 사항
  에 직면하는 형상이므로 항상 조심해야 한다.

- 민감한 상태다.

- 결혼 관련해서 문제가 생길 수 있다.

- 수입과 지출이 많다.

32. 뢰풍항(雷風恒) ☳ ☴

• 위에는 우레(雷)요, 아래는 바람(風)이다.

• 항(恒)은 언제나 변하지 않고 오래 지속함을 뜻한다.

• 흔들리지 말아야 하며 변화를 주면 좋지 않다.

• 현재 진행 중인 모든 일을 보류하는 것이 상책이다.

• 이 괘(卦)는 흉(凶)괘다.

• 부부간에도 충돌이 많이 예상된다.

33. 천산둔(天山遯) ☰ ☶

• 위에는 하늘(天)이요, 아래는 산(山)이다.

• 하늘 아래 산은 당연하다고 생각하지만 둔(遯)의 의미(意味)가 달아난다는 뜻을 가지고 있고 도망가서 피한다는 의미도 있기 때문에 상당히 좋지 못하다.

• 이 괘(卦)는 흉(凶)괘다.

• 이 괘(卦)를 얻은 자(者)는 도망 다녀야 하는 형상이다.

• 나를 돕는 자(者)는 아무도 없다.

• 무조건 참고 인내하라.

34. 뢰천대장(雷天大壯) ☳ ☰

- 위에는 우레(雷)요, 아래는 하늘(天)이다.

- 대장(大壯)이란 크게 왕성하다는 뜻이다.

- 아주 강한 기운(氣運)이다.

- 어떤 일이든 처리해 나갈 수 있는 굳센 운(運)이다.

- 이 괘(卦)는 길괘(吉卦)다.

- 이 괘(卦)를 얻은 자(者)는 적극적으로 행동에 나서면 소원
  을 성취하리라.

35. 화지진(火地晋) ☲ ☷

- 위에는 불(火)이요, 아래는 땅(地)이다.

- 진(晋)은 진(進)과 통하는 글자이므로 즉 나아간다는 의미 (意味)를 갖고 있다.

- 밝은 태양이 지평선으로부터 솟아 점차 하늘로 올라가는 형상이다.

- 승급, 승진 입학에 대길한 운세(運勢)다.

- 이 괘(卦)는 길괘(吉卦)이다.

- 이 괘(卦)를 얻은 자(者)는 거침없이 앞으로 나아간다.

36. 지화명이(地火明夷) ☷ ☲

- 위에는 땅(地)이요, 아래는 불(火)이다.

- 명이(明夷)는 밝음을 가린다는 뜻인데 즉 해가 저물어 어둠
  으로 가고 있다는 것이다.

- 가정과 직장 내에 불화가 있다.

- 이 괘(卦)는 흉(凶)괘다.

- 이 괘(卦)를 얻은 자(者)는 근신하고 자중하여 어려운 시기
  를 극복해야 한다.

37. 풍화가인(風火家人) ☴ ☲

- 위에는 바람(風)이요, 아래는 불(火)이다.

- 가인(家人)은 가정을 상징한다.

- 모든 근원은 가정의 평화로부터 시작되고 그로 인한 평온함
  을 얻게 된다.

- 이 괘(卦)는 길괘(吉卦)다.

- 이 괘(卦)를 얻은 자(者)는 우선 가정에 신경을 써야 한다.

38. 화택규(火澤睽) ☲ ☱

- 위에는 불(火)이요, 아래는 못(澤)이다.

- 규(睽)는 사팔눈을 의미한다. 즉 밸런스가 맞지 않고 뭔가 어긋나서 올바르게 되고 있지 않음을 말한다.

- 위에는 불(火)이고 아래는 못(澤)이니 상반된 것이 만났다.

- 다투는 일과 사건사고가 많다.

- 사업이나 결혼 등에도 자꾸 어긋나며 희망이 없다.

- 이 괘(卦)는 흉(凶)괘다.

- 이 괘(卦)를 얻은 자(者)는 기도를 많이 하고 마음을 비워야 한다.

39. 수산건(水山蹇) ☵ ☶

- 위에는 물(水)이요, 아래는 산(山)이다.

- 물이 산을 촉촉이 적셔주면 수풀이 무성하게 잘 자라지만 너무 많은 물은 식물이 오히려 살 수가 없다.

- 건(蹇)은 절름발이 건이다. 즉 뭔가 균형이 맞지 않고 있음을 말하며 앞길이 험난함을 예언하는 괘(卦)다.

- 이성 관계도 아주 좋지 못하다.

- 매사에 되는 일이 없다.

- 이 괘(卦)는 대흉(大凶)괘다.

- 이 괘(卦)를 얻은 자는 앞으로 나아가지 말고 한 걸음 물러서서 자중하면서 때를 기다려야 한다.

40. 뢰수해(雷水解) ☳ ☵

- 위에는 우레(雷)요, 아래는 물(水)이다.

- 해(解)는 풀린다는 뜻이다.

- 지금까지 얼어붙었던 삼라만상이 봄을 맞이하여 풀어지는 괘(卦)다.

- 고난이 해소되는 길한 운(運)이다.

- 이 기회를 놓치지 말고 앞으로 전진하라.

- 옥중에 있는 사람은 풀려나리라.

- 모든 일이 잘 해결된다.

- 이 괘(卦)는 길괘(吉卦)다.

- 이 괘(卦)를 얻은 자(者)는 해외에서도 아주 좋다.

41. 산택손(山澤損) ☶ ☱

• 위에는 산(山)이요, 아래는 못(澤)이다.

• 손(損)은 손해를 본다는 뜻이다.

• 사건(事件), 사고(事故), 관재(官災), 구설(口舌)이 예상된다.

• 뭘 해도 손해(損害)다.

• 이 괘(卦)는 흉(凶)괘다.

• 이 괘(卦)를 얻은 자(者)는 매사에 조심해야 한다.

42. 풍뢰익(風雷益) ☴ ☳

- 위에는 바람(風)이요, 아래는 우레(雷)이다.

- 익(益)은 이익이란 뜻이다.

- 지금 당장이 아니더라도 매사에 모든 일이 잘 풀리고 이익
  (利益)을 가져다준다.

- 모든 일에 적극적으로 나서자 그리하면 이득(利得)이 생긴
  다.

- 이 괘(卦)는 길괘(吉卦)다.

- 이 괘(卦)를 얻은 자(者)는 큰 이익을 얻을 것이다.

43. 택천쾌(澤天夬) ☱ ☰

- 위에는 못(澤)이요, 아래는 하늘(天)이다.

- 쾌(夬)는 뭔가 빠르게 전개(展開)된다는 의미를 가지고 있으
  나 도중에 막히는 운(運)이므로 좋지 못하다.

- 가다가 멈추게 된다.

- 부부 사이는 이혼을 생각할 만큼 심각해진다.

- 직장에서 부하들의 하극상이 예상된다.

- 이 괘(卦)는 흉(凶)괘다.

- 이 괘(卦)를 얻은 자(者)는 잠시 쉬었다 간다는 마음으로 침
  착할 필요가 있다.

44. 천풍구(天風姤) ☰ ☴

- 위에는 하늘(天)이요, 아래는 바람(風)이다.

- 구(姤)는 우연히 만난다는 뜻을 가지고 있다.

- 우연찮은 행운(幸運)이 오리라.

- 이 괘(卦)는 길괘(吉卦)다.

- 그러나 뜻하지 않은 교통사고가 있을 수 있다. 각별히 조심해야 한다.

- 이 괘(卦)를 얻은 자(者)는 모든 일이 우연히 진행된다. 또한 물 장사는 대길(大吉)하다.

45. 택지췌(澤地萃) ☱ ☷

- 위에는 못(澤)이요, 아래는 땅(地)이다.

- 췌(萃)는 모인다는 뜻을 가지고 있다.

- 나(我)를 중심으로 사람들이 모이니 장사를 하면 아주 좋다.

- 크게 발전한다.

- 승진(昇進), 입학(入學)에 좋다.

- 이 괘(卦)는 길괘(吉卦)다.

- 이 괘(卦)를 얻은 자(者)는 아주 좋은 기운이 따르기 때문에 주저하지 말고 뭔가를 적극적으로 해야 한다.

46. 지풍승(地風昇) ☷ ☴

- 위에는 땅(地)이요, 아래는 바람(風)이다.

- 승(昇)은 위로 올라간다는 뜻을 가지고 있다.

- 크게 발전함을 상징한다.

- 좋은 사람을 만나 수직상승하니 무슨 근심이 있겠는가.

- 남쪽이 좋다.

- 이 괘(卦)는 길괘(吉卦)다.

- 이 괘(卦)를 얻은 자(者)는 원하면 이루어진다.

47. 택수곤(澤水困) ☱ ☵

• 위에는 못(澤)이요, 아래는 물(水)이다.

• 곤(困)은 고난(苦難)을 상징한다.

• 몸과 마음이 지치고 피곤하다.
• 곤란한 일을 겪는다.

• 이 괘(卦)는 흉(凶)괘다.

• 이 괘(卦)를 얻은 자는 항상 조심하고 자신을 반성하라.

48. 수풍정(水風井) ☵ ☴

• 위에는 물(水)이요, 아래는 바람(風)이다.

• 정(井)은 우물이다. 따라서 산속에 우물은 주인이 없다 아무나 와서 마시고 가니 내 것을 빼앗기는 형상이다.

• 부부나 연인 사이는 관계가 좋지 못하나 그렇다고 헤어지지는 않는다.

• 이 괘(卦)는 흉(凶)괘는 아니다. 하지만 위험이 도사리고 있으니 항상 조심해라.

• 이 괘(卦)를 얻은 자(者)는 자기 것을 지켜야만 편안하다.

산송역수와 생활풍수

49. 택화혁(澤火革) ☱ ☲

- 위에는 못(澤)이요, 아래는 불(火)이다.

- 크나큰 변화가 온다.

- 혁(革)은 개혁(改革), 변혁(變革), 혁명(革命)의 뜻이 있다.

- 새로운 일이 시작된다.

- 이 괘(卦)는 길괘(吉卦)다.

- 이 괘(卦)를 얻은 자(者)는 환경이 바뀜을 인지해야 한다.

50. 화풍정(火風鼎) ☲ ☴

- 위는 불(火)이요, 아래는 바람(風)이다.

- 정(鼎)은 솥 정이다. 솥은 세 발이 달려서 넘어지지 않으므로 안정을 뜻한다.

- 불에 바람이 있으니 얼마나 잘 타겠는가.

- 뭔가 새로운 것을 추진한다.

- 3과 인연이 깊다.

- 결혼에도 상당히 좋으며 동업에 아주 좋다.

- 이 괘(卦)는 길괘(吉卦)다.

- 이 괘(卦)를 얻은 자(者)는 성공하리라.

51. 중진뢰(重震雷) ☳ ☳

- 위에도 우레(雷)요, 아래도 우레(雷)이다.

- 진(震)은 발전을 의미한다.

- 위에도 우레이고 아래도 우레라서 번개 소리에 놀랄 일이 생긴다.

- 운세가 강(强)하고 번창을 상징한다.

- 이 괘(卦)는 길괘(吉卦)다.

- 이 괘(卦)를 얻은 자(者)는 길괘라서 좋긴 하지만 너무 야심이 커서 일을 크게 벌여 생각처럼 큰 결실은 없을 수도 있다.

52. 중간산(重艮山) ☶ ☶

- 위에도 산(山)이고 아래도 산(山)이다.

- 간(艮)은 그치다, 멈추다라는 뜻이다.

- 아래도 산이고 위에도 산이니 첩첩산중이다.

- 현재 하는 일은 보류하는 것이 좋다.

- 산이 막혀서 앞으로 나아갈 수 없다.

- 근심과 걱정뿐이다. 모든 일이 잘 풀리지 않는다.

- 이 괘(卦)는 흉(凶)괘다.

- 이 괘(卦)를 얻은 자(者)는 무리하지 말고 때를 기다려야
  한다.

53. 풍산점(風山漸) ☴ ☶

- 위에는 바람(風)이요, 아래는 산(山)이다.

- 여자가 시집가는 괘(卦)다.

- 점(漸)은 점차적으로 발전한다는 의미다.

- 여행 및 해외 관련 사업에도 아주 좋다.

- 이 괘(卦)는 길괘(吉卦)다.

- 이 괘(卦)를 얻은 자(者)는 지속적인 노력을 하면 크게 뜻을 이룬다.

54. 뢰택귀매(雷澤歸妹) ☳ ☱

- 위에는 우레(雷)요, 아래는 못(澤)이다.

- 귀매(歸妹)란 여자가 시집가는 것을 뜻한다.

- 비정상적인 혼인(婚姻)을 말한다.

- 귀(歸)는 돌아오는 것을 뜻한다.

- 육체적인 쾌락에 빠지기 쉬우며 그런 관계가 지속된다.

- 이 괘(卦)는 흉(凶)괘다.

- 이 괘(卦)를 얻은 자(者)는 매사에 조심하고 이성 문제에 각 별히 신경을 써야 화근이 없다.

55. 뢰화풍(雷火豊) ☳ ☲

• 위에는 우레(雷)요, 아래는 불(火)이다.

• 풍(豊)은 풍성하다라는 의미다.

• 매사에 모든 일이 잘 풀린다.

• 이 괘(卦)는 최고의 성운(成運)이다.

• 이 괘(卦)를 얻은 자(者)는 겸손할 필요가 있다.

56. 화산여(火山旅) ☲ ☶

- 위에는 불(火)이요, 아래는 산(山)이다.

- 여(旅)는 나그네를 의미한다.

- 나그네는 고달프고 정처 없이 떠돈다. 현재 마음이 이와 같고 갈피를 잡지 못하고 있다.

- 심신이 안정적이지 못하다.

- 여행 관련 업(業)은 좋다.

57. 중손풍(重巽風) ☴ ☴

- 위에도 바람(風)이고 아래도 바람(風)이다.

- 강한 기운(氣運)이며 발전을 의미한다.

- 사업에는 좋으나 교섭에는 시간이 걸린다.

- 이 괘(卦)는 길괘(吉卦)다.

- 이 괘(卦)를 얻은 자(者)는 어디서 좋은 바람이 불어올지 모르니 항상 준비해야 한다.

58. 중태택(重兌澤) ☱ ☱

- 위에도 못(澤)이고 아래도 못(澤)이다.

- 태(兌)는 빛나다, 기쁘다 또는 소녀를 뜻하는 의미로서 발전을 상징한다.

- 못(澤)은 파도가 없다. 즉 잔잔하고 고요하기 때문에 아무 탈이 없는 형상이다.

- 이 괘(卦)는 길괘(吉卦)다. 특히 여성에게 아주 좋다.

- 이 괘(卦)를 얻은 자(者)는 작은 일에도 재미를 보며 말하는 직업에 종사하는 사람은 아주 좋다.

59. 풍수환(風水渙) ☴ ☵

- 위에는 바람(風)이고 아래는 물(水)이다.

- 환(渙)은 안에 있는 것을 밖으로 발산한다는 의미다.

- 이 괘(卦)는 새로운 전환기를 맞이하여 변화가 오는 셈이다.

- 해외 무역 또는 유학 이민에 절호의 찬스가 온다.

- 이 괘(卦)는 길괘(吉卦)다.

- 이 괘(卦)를 얻은 자(者)는 무리하지만 않는다면 무난히 풀려나간다.

60. 수택절(水澤節) ☵ ☱

- 위에는 물(水)이요, 아래는 못(澤)이다.

- 절(節)은 절제라는 의미가 있다.

- 수위조절을 잘해야지 그렇지 않으면 손해(損害)를 본다.

- 이 괘(卦)를 얻은 자(者)는 만사에 천천히 행동하는 것이 좋다.

61. 풍택중부(風澤中孚) ☰ ☱

- 위에는 바람(風)이고 아래는 못(澤)이다.

- 중부(中孚)는 성실함을 의미한다.

- 성의를 다하여 전진하면 큰일을 이룬다.

- 알에서 깨어나 병아리가 된다.

- 동업에 아주 좋다.

- 이 괘(卦)는 길괘(吉卦)다.

- 이 괘(卦)를 얻은 자(者)는 소기의 목적을 달성한다.

62. 뢰산소과(雷山小過) ☳ ☶

- 위에는 우레(雷)이고 아래는 산(山)이다.

- 소과(小過)는 조금 지나치다는 뜻이다.

- 욕심 부리면 큰 재해가 있다.

- 이 괘(卦)를 얻은 자(者)는 모든 일에 겸양의 덕을 발휘하여
  타인과 평화를 유지하는 것이 좋다.

63. 수화기제(水火旣濟) ☵ ☲

- 위에는 물(水)이요, 아래는 불(火)이다.

- 기제(旣濟)는 만사가 이미 이루어졌다는 뜻이다.

- 현재의 일은 그대로 한결같이 지속하라.

- 이 괘(卦)는 길괘(吉卦)다.

- 이 괘(卦)를 얻은 자(者)는 결혼 운도, 이사 운도 아주 좋다.
  그러나 과한 욕심은 금물이다.

64. 화수미제(火水未濟) ☲ ☵

- 위에는 불(火)이요, 아래는 물(水)이다.

- 미제(未濟)란 아직 이루어지지 않았다는 뜻이고 미완성의 상태다.

- 이루어지기 어렵다.

- 이 괘(卦)는 흉(凶)괘다.

- 이 괘(卦)를 얻은 자(者)는 좀 더 기다려야 한다.

65. 유천명(曘天明) ☷ ☰

- 명(明)은 밝고 좋다는 의미다.

- 모든 일이 매사에 잘 풀린다.

- 이 괘(卦)는 아주 좋은 길괘(吉卦)다.

- 이 괘(卦)를 얻은 자(者)는 순풍에 돛단배처럼 막힘없이 나
  갈 것이며 항공 관련 일에 대길(大吉)하다.

66. 천유청(天濡晴) ☰ ☳

- 청(晴)은 맑고 푸르다는 의미를 가지고 있다.

- 지금까지 어두웠다면 이제부터는 맑고 기분 좋은 일만 있다.

- 좋은 일이 계속 된다.

- 이 괘(卦)는 길괘다.

- 이 괘(卦)를 얻은 자(者)는 모든 일이 잘 풀린다.

- 승진, 시험에 좋은 소식이 있으며 기상 관련 일에 대길(大吉)하다.

산송역수와 생활풍수

67. 택유형통(澤㬉亨通) ☱ ☷

- 연못에 햇빛 비추니 참으로 좋다.

- 형통은 모든 일이 잘됨을 뜻한다.

- 계획 하는 일이 뜻대로 이루어진다.

- 이 괘(卦)는 최고의 성운이다.

- 이 괘(卦)를 얻은 자(者)는 매사에 주저하지 말고 밀어붙여라.

68. 화유열(火嚅熱) ☲ ☶

- 열(熱)은 뜨겁다는 의미를 가지고 있다.

- 햇빛이 불을 만나니 더욱 뜨거워진다.

- 남녀 간의 사랑은 급속도로 진전이 있을 것이며 활활 타오 른다.

- 이 괘(卦)는 나쁜 괘는 아니다. 하지만 뜨거워지면 식게 마련 이다. 따라서 나중을 생각해야 하며 과하면 좋지 못하다.

- 이 괘(卦)를 얻은 자(者)는 심장병과 화병에 주의해야 한다.

69. 뢰유양(雷鱬養) ☳ ☶

- 양(養)은 기른다는 뜻으로 아직은 미숙한 상태이다.

- 지금은 비록 미숙하지만 앞으로 많은 발전 가능성이 있다.

- 발전을 위해서는 노력을 게을리해서는 안 된다.

- 이제부터 시작단계이다.

- 이 괘(卦)를 얻은 자(者)는 겸손한 마음으로 배우는 자세가
  필요하다.

70. 풍유속(風矚速) ☰ ☷

- 속(速)은 빠르다는 의미를 갖고 있다.

- 모든 일이 빠르게 속전속결로 진행된다.

- 바람과 빛은 세상 그 무엇보다도 빠르다.

- 이 괘(卦)는 길괘다.

- 하지만 너무 빠르면 실수가 따르는 법이라 각별히 주의 하지 않으면 안 된다.

- 이 괘(卦)를 얻은 자(者)는 천천히 주위를 둘러 볼 필요가 있다.

산송역수와 생활풍수

71. 수유림(水曘林) ☵ ☶

• 림(林)은 수풀을 말한다.

• 수풀은 물과 햇빛의 조합이 있어야 잘 자란다.

• 물을 너무 줘도 식물은 살지 못하며 햇빛이 너무 강해도 말라 버린다.

• 적당한 것을 유지하고 욕심을 버려야 한다.

• 주위의 협력자가 있어야만 일이 풀릴 수 있다.

• 이 괘(卦)를 얻은 자(者)는 대인관계를 중요시하고 어떤 일이든 많은 신경을 써야 한다.

72. 산유화(山曬花) ☷ ☴

- 화(花)는 꽃을 의미하고 산에 햇빛이 비추고 꽃이 피니 매우 좋다.

- 매사에 무슨 일이라도 결실을 맺는다.

- 성공을 의미하므로 더욱 힘차게 나가야 할 것이다.

- 최고의 성운이다.

- 이 괘(卦)를 얻은 자(者)는 자만해서는 안 된다.

73. 지유절(地疇切) ☷ ☶

- 절(切)은 끊어진다는 것이다.

- 모든 것이 절단난다.

- 매사에 모든 일이 잘 안 풀리고 중단된다.

- 이 괘(卦)는 6대 난괘 중에 하나다.

- 대흉(大凶)하다.

- 이 괘(卦)를 얻은 자(者)는 근신하여야 하고 항상 조심 또 조심해야 한다.

74. 유택선(嚅澤善) ☰☰ ☷☷

- 선(善)은 착하다는 의미를 가지고 있다.

- 선을 행하여야 바로 갈 수 있다.

- 바른 길이 아니라면 마음을 고쳐먹어야 하며 그래야 비로
  소 일이 순탄해 진다.

- 그릇 된 길로 가지 않는다면 모두 성사된다.

- 이 괘(卦)를 얻은 자(者)는 선행을 베풀고 올바른 마음가짐
  으로 임해야 한다.

산송역수와 생활풍수

75. 유지극(曬地極) ☰☰ ☷☷

- 극(極)은 한계점에 도달했음을 의미한다.

- 곧 폭발 하듯이 터져버린다.

- 현재가 매우 위험하며 극한 상황을 의미한다.

- 더 이상 버틸 수 없으며 지금 다른 변화를 주지 않으면 심각한 상황을 초래한다.

- 이 괘(卦)를 얻은 자(者)는 모든 것을 내려놓고 자신에게 변화를 주거나 멀리 이동을 하는 것이 좋다.

76. 유수유(曘水柔) ䷀ ䷁

- 유(柔)는 부드러움을 뜻한다.

- 절대 강하게 나아가서는 안 된다.

- 물이 부드럽게 흘러가니 모든 일이 '유'하게 풀리는 형상
  이다.

- 서두르거나 급하게 일을 진행하는 것은 금물이다.

- 특히 남성은 여성에게 부드럽게 행동하라. 남자다운 모습을
  보여준다고 강하게 행동했다가는 그 날이 마지막 날이 될
  수 있다.

- 이 괘(卦)를 얻은 자(者)는 매사에 유연하게 대처해야 할 필
  요가 있다.

산송역수와 생활풍수

77. 유화강(曘火剛) ☰☰ ☰☰

- 강(剛)은 굳세다는 뜻을 가지고 있다.

- 모든 일을 강하게 밀고 나가야 한다.

- 강(强)한 기운이 들어오니 마음의 준비가 필요하다.

- 이 괘(卦)를 얻은 자(者)는 힘차게 앞으로 전진 할 수 있으나 약간의 주의도 필요하다.

78. 유뢰인(嚅雷忍) ☲ ☷

- 인(忍)은 참는다는 의미를 갖고 있다.

- 인내 끝에 평화가 온다.

- 인(忍)은 마음속에 칼을 품고 있는 것이다.

- 참아야 할 일이 많이 생기므로 항상 주의 해야만 한다.

- 이 괘(卦)를 얻은 자(者)는 참고 인내하며 때를 기다려야
  한다.

79. 중현유(重眩曘) ☲ ☲

- 위에도 햇빛이고 아래도 햇빛이다.

- 온통 햇빛으로 찬란하게 광명이 비추는 격이다.

- 이 괘(卦)는 최고의 성운이다.

- 햇빛만이 가득하니 어둠을 알 수 없다. 햇빛의 고마움을 모르고 당연하게 생각해서는 안 된다.

- 과거에 힘들었다면 이제부터는 좋은 기운이 작용하여 좋은 일만 생길 것이며 귀인이 나타나 도움을 줄 것이다.

- 이 괘(卦)를 얻은 자(者)는 매사에 환하게 비추는 격이니 거침없이 앞으로 나아가야 할 것이다.

80. 유풍정(曛風正) ☰ ☷

- 정(正)은 정직하다, 바르다는 뜻을 가지고 있다.

- 올바른 길로만 간다면 뜻은 이루어진다.

- 편법을 쓰거나 올바른 길로 가지 않으면 낭패를 본다.

- 바른길로 가면 주위에서 따르는 자(者)가 많다.

- 이 괘(卦)는 길괘다.

- 이 괘(卦)를 얻은 자(者)는 정도(正道)를 가면 승승장구한다.

산송역수와 생활풍수

81. 유산도(曘山道) ☳ ☶

- 도(道)는 길이다.

- 묵묵히 자기 길을 가야 하며 좌도 우도 보지 말고 앞만 보고 가야 한다.

- 주변인의 조언은 이익이 되나 동업은 불길하다.

- 가는 길이 다소 늦더라도 그 길만을 가야지 다른 길을 모색하다가는 모든 것을 잃는다.

- 이 괘(卦)는 길괘다.

- 이 괘(卦)를 얻은 자(者)는 기도를 많이 하면 할수록 좋다.

실관임상론(實觀臨床論)

　실관임상론은 본인이 실제로 내방객의 운명을 감정하고 그들에게 상담한 내용을 토대로 산송역수(山松易數)의 풀이를 보다 이해가 쉽도록 설명하고자 한 것이다. 다만 실제 사례인 만큼 내방객의 실명은 공개하지 않는 것을 전제로 하고 이런 상담도 있었다는 것을 밝히고자 한다.

(1)

外卦	父	戌土	—	玄	1	天	天	乙	乾
								未	金
	兄	申金	—	白(應)		地	山	年	宮
									二世
	官	午火	—	蛇(命)		否	遯		三爻動
					7			乙	
(上卦)								酉	
								月	
								乙	
								未	
								日	

3

內卦

財 卯木	兄	申金	—	句	
	官	午火	--	朱(世)	(伏神　寅木)
	父	辰土	--	靑(身)	(伏神　子水)

(下卦)　　　　　　　　用神五行 寅木 財,　子水 孫
　　　　　　　　　　　卦神 未土

(1)

외괘
(外卦)

부 (父)	술토 (戌土)	—	현무 (玄武)	1	천 (天)	천 (天)	을미년 (乙未年)	건 (乾)

건
(乾)

금
(金)

형 (兄)	신금 (申金)	—	백호 (白虎)	응 (應)	지 (地)	산 (山)	을유월 (乙酉月)	궁 (宮)

관 (官)	오화 (午火)	—	등사 (螣蛇)	명 (命)	비 (否)	둔 (遯)	을미일 (乙未日)	이세 (二世)

삼효동
(三爻動)

7

상괘
(上卦)

3

내괘
(內卦)

형 (兄)	신금 (申金)	—	구진 (句陳)			
관 (官)	오화 (午火)	--	주작 (朱雀)	세 (世)	복신 인목 (伏神 寅木)	
부 (父)	진토 (辰土)	--	청룡 (靑龍)	신 (身)	복신 자수 (伏神 子水)	

하괘
(下卦)

용신오행(用神五行) 인목(寅木) 재(財), 자수(子水) 손(孫)

괘신(卦神) 미토(未土)

산송역수와 생활풍수

통변(通辯) (1)

40대 중반의 여성이 사무실 안으로 "실례 합니다"라고 말하며 슬그머니 들어왔다. 외모가 깔끔하고 화려했는데 관상(觀相)을 보니 전택궁(田宅宮)이 두툼하고 게다가 법령선(법흥선이라고도 함)까지 아주 진하고 선명해서 제법 신고(身苦)하겠구나 싶었다.

여성이 지인(知人)의 소개로 멀리서 왔으니 잘 좀 봐 주세요라고 하며 자리에 앉기에, 평상시처럼 뽕잎 차를 드리고 괘(卦)를 뽑았다.

상괘(上卦)가 1이고 하괘(下卦)가 7 그리고 삼효(三爻)가 동(動)해서 천산둔(天山遯)에서 천지비(天地否)로 기운(氣運)이 흐르고 있었다. 여성이 차를 마시는 동안 괘(卦)의 전반적인 것을 풀어 보았는데 아주 좋지 못했고 외괘, 내괘, 아래위로 남자가 득실거리고 여러모로 복잡했으며 용신(用神)이 재(財)와 손(孫)이라서 돈 문제 또는 자손(子孫) 문제로 왔거나 아니면 자손과 관련된 돈 문제 온 것이 분명했다.

그래서 말을 건넸다.

"용신이 재와 손이라서 돈 문제 혹은 자손 문제 아니면 자손과 관련된 돈 문제로 오신 것 같은데 아닙니까?"

그러자 여성은 맞다고 대답을 하며 말을 이었다.

"실은 남편과 이혼을 하려고 하는데 위자료와 아이 양육비 문제로 서로 충돌이 있거든요. 잘 해결할 수 있을까요? 그리고 현재 다른 남자가 있는데 같이 살아도 되는지 또 저한테 도움은 되는지 궁금해요."

아직 남편과 이혼도 안 했는데 다른 남자가 있다는 것을 아무렇지 않게 이야기한다는 것이 못내 씁쓸하지만 어디 이런 일이 어제 오늘 일도 아니라서 나는 그냥 아무 내색 없이 상담을 계속 이어갔다.

괘를 보니 초효(初爻)에 문서(文書)가 있고 육수(六獸)가 청룡(靑龍)이니 문서 운이 얼마나 좋은가. 또한 주변인이 동(動)하여 움직이고 있으니 이것은 현 시점에서 남편으로 봐야 했다.

그래서 남편이 먼저 이혼을 이야기하느냐고 묻자 맞다면서 여자가 대답했다.

"제가 먼저 이야기하려고 했는데 먼저 해서 저는 고마울 따름이죠 뭐…"

이에 나중에 남편 것도 따로 보았지만 알고 보니 남편도 여자가 있었다. 그래서 이혼을 먼저 이야기했던 것이고 가택궁(家宅宮)에 관(官)을 남편으로 보면 일진인 본인과 오미(午未)가 합이 왔으니 이혼에 관해서는 아무 탈 없이 합의가 가능했다. 다만 월건(月建)이 동(動)해서 변한 재(財)를 충(沖)을 하고 있어서 돈을 원하는 만큼 다 받기는 힘이 들 것이다. 게다가 이혼으로 인한 내괘(內卦)의 문서는 좋으나 외괘(外卦)의 상효(上爻)에 있는 문서는 현무(玄武) 문서라 좋지 못하고 자칫 잘못하면 도망 다니는 일도 벌어질 수 있기 때문에 조심하지 않으면 안 됐다.

또한 남편이 아닌 다른 남자와도 합(合)이 들어 있어서 이미 정분이 나 있는 것은 당연한데 등사관(螣蛇官)이라 남자의 직업도 좋다고 볼 수 없고 한 입 가지고 두말하는 사람이라 좋을 리 없었다. 등사관이 무슨 말이냐면 뱀의 혀를 보면 하나로 가다가 나중에 둘로 갈라져 있는데 즉 한 입가지고 두말하는 형상을 비유한 것이다. 그래서 나쁜 사람이나 처음과 나중의 말이 다른 사람을 뱀 같은 놈이라고 하는 이유가 바로 여기에 있다.

또한 직업궁에 응(應)이 백호(白虎)이며 비신(飛神)이 신금(申金)이니 쇠붙이, 칼 또는 돈과 관련이 있는 일을 하거나 아니면 피를 보는 사람이다. 또한 백호는 성격이 급한 사람으로도 해석을 한다. 아니나 다를까 일수 사무실을 하는 남자라고 했다. 그래서 여자에게 말을 해줬다.

"이 남자는 좋지 못합니다. 특히 기운이 천지비(天地否)로 갔으니 하늘과 땅은 서로 극과 극입니다. 너무 떨어져 있어 하나가 되기 힘들죠. 지금 육체적으로 달콤한 쾌락(快樂) 때문에 연(緣)을 끊지 못한다면 앞으로 화가 옵니다. 또한 외롭다고 하루 이틀 계속 만나면 분명 좋지 못하니 어느 선에서 정리를 하셔야 합니다."

그러자 여성은 심각한 표정으로 되물었다.

"이혼 합의는 문제없이 된다고 하셨는데 언제 돈을 받겠습니까?"

"재(財)가 복신이라 땅에 묻혀 있으니 충(沖)이나 파(破)가 돼서 밖으로 나와야 하는데, 파가 되는 해월(亥月)이나 아니면 같은 기운(氣運)이 강한 인월(寅月)에 받을 수 있으니 빠르면 두 달 후 늦으면 내년 초가 되겠네요."

이렇게 대답을 들은 여성은 딸아이의 사주도 보고 감사하다며 인사하고는 사무실을 나갔다.

(2)

外卦

孫	巳火	一	青	3
財	未土	--	玄(世)	(命)
官	酉金	一	白	

山　火　乙　巽
雷　雷　未　木
頤　噬　年　宮
　　嗑　　　五世

乙酉月

丁酉日

四爻動

4

(上卦)

4

內卦

財	辰土	--	蛇	
兄	寅木	--	句(應)	(身)
父	子水	一	朱雀	

(下卦)

用神 五行 酉金 官
卦神 戌土

(2)

외괘
(外卦)

손 (孫)	사화 (巳火)	—	청룡 (靑龍)	3	산 (山)	화 (火)	을미년 (乙未年)	손 (巽)
					뢰 (雷)	뢰 (雷)	을유월 (乙酉月)	목 (木)
								궁 (宮)

| 재 (財) | 미토 (未土) | -- | 현무 (玄武) | 세 (世) | 명 (命) | 서 (噬) | 정유일 (丁酉日) | |

오세
(五世)

| | | | 이 (頤) | 합 (嗑) | 사효동 (四爻動) |

| 관 (官) | 유금 (酉金) | — | 백호 (白虎) |

4

상괘
(上卦)

4

내괘
(內卦)

재 (財)	진토 (辰土)	--	등사 (螣蛇)		
형 (兄)	인목 (寅木)	--	구진 (句陳)	응 (應)	신 (身)
부 (父)	자수 (子水)	—	주작 (朱雀)		

하괘
(下卦)

용신오행(用神五行) 유금(酉金) 관(官)

괘신(卦神) 술토(戌土)

산송역수와 생활풍수

통변(通辯) (2)

20대 중반처럼 보이는 귀엽게 생긴 아가씨가 같은 직장에 다니는 언니의 소개로 왔다면서 내방하였다. 그러나 외모와 다르게 나이는 35살이었다.

괘(卦)를 뽑아보니 화뢰서합(火雷噬嗑)과 산뢰이(山雷頤)가 나왔다. 이 여성의 기운은 정말 좋지가 못하며 또한 말조심을 하지 않으면 크게 탈이 나는 형상이었는데 게다가 용신(用神)이 일진일대(日辰一帶)인 관(官)이라서 직장문제 아니면 남자문제가 틀림이 없었다.

또한 화뢰서합은 이빨에 뭔가 낀 것 같은 형상이다. 자, 생각해 보라. 이빨 사이에 이물질이 끼면 어떤가, 이처럼 불편하고 찜찜한 것이 또 없다. 지금 이 여성의 상황이 딱 그렇다.

그래서 용신과 화뢰서합에 대해 설명을 하자 남자문제도 맞고 직장문제도 맞다면서 이번에 승진이 되는지 궁금하고 결혼을 전제로 만나는 남자가 있는데 너무 안 맞아서 헤어져야 하나 어떻게 해야 하나 고민이라며 말문을 열기 시작했다. 그래서 일단 승진에 대해 정확히 이야기를 해 줬다.

초효(初爻)의 육친(六親)이 부(父)인데 부는 문서이고 소식이다. 게다가 비신(飛神)이 자수(子水)이고 육수(六獸)가 주작(朱雀)이다. 즉 새가 물에 들어가니 좋을 리가 있겠나. 깃털에 물이 묻으면 새는 날지를 못하고 힘을 잃게 된다. 이와 같은 형상이 문서운(文書運)인데 어찌 승진을 하겠는가. 그러나 승진은 안 되지만 현재도 돈 벌이가 제법 된다. 왜냐면 청룡(靑龍)이 손(孫)이니 월급이 많다고 봐야하기 때문이다.

그래서 물었다.

"이번에 꼭 안 되더라도 다음 기회에 하면 되는 것이고 현재도 돈을 제법 번다고 나오는데 게다가 괘(卦) 안에 재(財)가 많이 있는 것으로 보아서 혹시 은행에서 근무를 합니까?"

그녀의 대답이 이어졌다.

"네, 제1금융권에서 10년째 일하고 있어요. 그런데 승진이 안 돼서요. 이번에 되면 좋겠는데, 안 된다니…"

또한 세(世)가 위치한 직장궁에 현무(玄武)가 있으니 지금 상당히 힘들고 고단한 상태라고 할 수 있다. 그래서 이 여성 분은 승진을 해서 뭔가 새로운 마음으로 일을 하고 변화를 주고 싶었던 것이다.

"승진은 안 된다고 하시니, 그럼 애인하고는 어떻게 나오나요?"

"애인과는 서로 간에 말조심하지 않으면 기운이 강(强)해서 마찰이 올 수 있으며 말로 인해 다툼이 생길 경우에는 관(官)이 재(財)로 움직이고 있으니 남자가 다른 여자에게 가 버리는 형상이 되고 말아요."

그렇기 때문에 각별히 말조심하여야 합니다라고 덧붙여 알려주었다. 이 여성은 남자와 안 맞는다고 말하고는 있지만 실은

산송역수와 생활풍수

이 남자가 천을귀인(天乙貴人)이라 상당히 좋은 편에 속했다. 그러나 정작 본인은 그렇게 생각하지 않고 있었으며 헤어질 생각을 하고 있으니 못내 안타까웠다.

게다가 부모님이 썩 마음에 들어 하시지 않는 것도 불만이었는데 그래서 겁살을 찾아본 결과 인목(寅木)이 겁살(劫殺)이었고 바로 가택궁(家宅宮)에 있는 주변인 즉 집안 식구들이 겁살이었다.

겁(劫)의 의미는 빼앗다, 위협하다로 아주 좋지 못한 뜻을 가지고 있다. 식구들이 겁살이니 본인의 애인에게도 좋게 이야기할 리가 없고 그 영향이 본인에게도 미치고 있었으므로 서로 의견도 잘 맞지 않고 식구들도 탐탁지 않게 여기고 있으니 상담을 해서 만약 좋지 않다는 말이 나오면 헤어지는 것으로 마음을 굳히려고 생각했던 중이었다.

그래서 남자 분은 여성분에게 더할 나위 없이 좋은 사람이라 성급하게 헤어질 생각은 하지 않는 것이 좋다고 전했더니 알겠다면서 대충 어떻게 해야 할지 머릿속에 정리가 됐다고 감사하다면서 친구들에게 소개를 많이 하겠다며 사무실을 유유히 빠져 나갔다.

(3)

外卦	孫	戌土	一	白	(應)(身)	1	天	天	乙	離
	財	申金	一	蛇			雷	火	未	火
							无	同	年	宮
							妄	人		
	兄	午火	一	句						

丙
戌
(上卦)   3   月   三世
三爻動
壬
申
日

3

內卦

孫 辰土 官 亥水 一 朱 (世)(命)

孫 丑土 -- 靑

父 卯木 一 玄

(下卦)   用神五行 申金　財
卦神 寅木

(3)

외괘 (外卦)

손 (孫)	술토 (戌土)	—	백호 (白虎)	응 (應)	신 (身)	1	천 (天)	천 (天)	을미년 (乙未年)	이 (離)
							리 (雷)	화 (火)	병술월 (丙戌月)	화 (火)
재 (財)	신금 (申金)	—	등사 (螣蛇)				무 (无)	동 (同)	임신일 (壬申日)	궁 (宮)
							망 (安)	인 (人)		
형 (兄)	오화 (午火)	—	구진 (句陳)							

삼세 (三世)

3 삼효동 (三爻動)

상괘 (上卦)

3

내괘 (內卦)

손 (孫)	진토 (辰土)	관 (官)	해수 (亥水)	⚊⚊	주작 (朱雀)	세 (世)	명 (命)
		손 (孫)	축토 (丑土)	--	청룡 (靑龍)		
		부 (父)	묘목 (卯木)	—	현무 (玄武)		

하괘 (下卦)

용신오행(用神五行) 신금(申金) 재(財)
괘신(卦神) 인목(寅木)

| 통변(通辯) (3)

50대 초반의 여성분이 살며시 사무실에 들어와 인사를 하며
친구가 소개해서 왔다고 말하며 웃으며 들어왔다. 그래서 여느
때와 마찬가지로 자리에 앉으시라고 한 후 뽕잎 차를 내 드리고
괘(卦)를 뽑았다.

상괘(上卦)가 천화동인(天火同人)이고 하괘(下卦)가 천뢰무망
(天雷无妄)이 나왔는데 천화동인은 가정을 이루는 괘(卦)다. 그
리고 천뢰무망은 모든 것이 허망하다는 뜻이므로 좋다고 볼 수
가 없다. 또한 결혼하고 가정을 이룬다 해도 뭔가에 의해서 허
망하고 재미가 없으니 좋은 결혼생활이 될 리는 만무하다. 하
지만 꼭 결혼을 하려는 사람에게만 이 괘(卦)가 나오는 것은 아
니다. 새로운 사업을 시작해서 여러 사람과 새롭게 한솥밥을
먹으려는 사람도 이 괘(卦)가 자주 나온다. 왜냐면 한솥밥을 먹
는다는 것은 한 식구가 된다는 의미가 되니 결국 같다고 보는
것이다.

또한 괘신(卦神)이 인목(寅木)인데 천화동인의 궁(宮)이 이화
궁(離火宮)이므로 괘신은 부(父)가 되는 것이고 부(父)는 문서를
의미한다. 문서(文書) 즉 혼인신고도 문서고 새로운 사업의 계약
도 문서의 일종이다. 게다가 용신(用神)도 일진일대(日辰一帶)의
재(財)가 나왔으니 결혼이나 사업임이 틀림없는 것이었다.

산송역수와 생활풍수

하지만 결혼과 사업은 전혀 다른 문제이므로 좀 더 신중을 기해야 할 필요가 있어서 좀 더 풀어 보았다. 여성분의 외모나 관상을 봐서는 사업을 할 사람은 아니다. 그렇다고 해서 선불리 결혼문제냐고 물었다가 새롭게 식당을 하나 하려고 하는데 해도 되나 물어보러 왔다고 하면 어쩌란 말인가 싶기도 했다.

그래서 좀 더 괘(卦)를 세밀하게 보았다. 하지만 너무 알쏭달쏭했다. 그러나 금방 실마리를 찾을 수 있었는데 왜냐면 괘(卦) 안에 손(孫)이 외괘(外卦)에 하나, 내괘(內卦)에 둘 총 세 개나 있었는데 손(孫)이라 함은 자손도 되고 돈벌이로도 해석을 한다.

그런데 돈벌이로 해석을 하면 전혀 맞지 않은 해석이 나오는 것이다. 이효(二爻)에 있는 손(孫)이 청룡(靑龍) 손이라 최고의 돈벌이를 의미하는데 삼효(三爻)를 보면 관(官)이 주작(朱雀)에 해수(亥水)요, 또 동(動)해서 기운도 강한 데다가 변효(變爻)는 진토(辰土)의 손(孫)이 토극수(土剋水) 해서 회두극(回頭剋)이 되어 관(官)을 치고 있으니 이것은 최악의 돈벌이고 직업이 박살나기 때문에 전혀 말이 맞지 않는다. 따라서 괘(卦) 안에 있는 손(孫)은 자손으로 봐야 하고 내괘(內卦)에 세(世)가 본인이므로 내괘(內卦) 손(孫)은 본인의 자식이 분명하고 외괘(外卦)의 손(孫)은 결혼하려는 남자의 자식이 분명했다.

이렇게 판단이 서자 결혼 문제로 오셨느냐고 했더니 이 여성분이 하는 말이 역시 소문대로 대단하다고 하는 것이다.

"6살 연하의 남자와 만나고 있는데 늦은 나이에 또 다시 결혼을 해야 하는 건지 남자가 택시 운전을 하는데 돈벌이가 변변치 못해서 걱정이 되기도 하고 답답해서요…"

말하는 여성의 표정이 좋지 못했다. 그렇다. 이 여성분의 말대로 상대 남자는 직장궁에 재(財)가 등사(螣蛇)이고 비신(飛神)이 신금(申金)이니 당연히 직장에서 돈을 많이 받지는 못할 것이고 응(應)을 봐도 쉽게 알 수 있듯이 백호(白虎)의 손(孫)이라서 돈벌이가 좋지 못하다. 또한 손은 자손을 뜻한다고 여러 번 말한 적이 있다. 손(孫)이 백호라서 아주 좋지 못한데 남자가 이혼해서 혼자 택시 운전을 하면서 아이에게 신경 쓰는 것은 매우 힘들었을 것이다.

게다가 월건(月建)의 기운(氣運)이 강하기 때문에 결혼을 한대도 아이로 인하여 조금은 힘들 것으로 보이며 또한 여성분의 자손(子孫)이 남자를 극(剋)하고 있으니 상대 쪽 아이도 문제지만 여자 분의 자식이 남자와 더 큰 충돌이 있고 일진(日辰)인 신금(申金)이 관(官)인 해수(亥水)와 신해해(申亥害)가 와서 가정불화 생기니 어려운 문제가 될 것이며 이로 인해 괜히 결혼했나 싶을 정도가 모든 것이 힘들고 허무해진다. 그래서 허심탄회 하게 이야기를 해 줬다.

"여러모로 힘든 결혼생활이 될 것입니다. 정말로 사랑한다면 그 무엇도 문제가 될 수 없고 두 사람이 서로 상의해서 지혜롭게 생활하면 됩니다. 그러나 문제는 얼마나 상대를 사랑하고 믿고 함께 할 수 있느냐에 달려 있어요. 그만한 믿음과 사랑이 없으면

산송역수와 생활풍수

많이 싸우고 결국은 결혼을 후회하게 되니 잘 생각하시고 현명한 판단하시기를 바랍니다. 저는 어디까지나 역술인으로써 앞을 내다보고 좋은 기운과 나쁜 기운을 말해주고 조언을 해드릴 뿐이지 제가 살라거나 말라고 할 수는 없습니다. 때문에 결정은 사모님 몫입니다."

이렇게 말했더니 잘 알겠다고 말하고 온 김에 아이들 사주 좀 봐 달라고 해서 자녀분의 사주를 봐 드렸더니 감사하다고 여러 번 인사하고 힘없는 뒷모습으로 사무실을 나갔다.

(4)

外卦　兄　巳火　—　玄(應)　3　　火　火　　乙　　離
　　　　孫　未土　--　白　　　　風　水　　未　　火宮
　　　　　　　　　　　　　　　　鼎　未　　年
　　　　財　酉金　—　蛇(命)　　　　濟　　　丙　　三世
　　　　　　　　　　　　　　6　　　　　　戌　　三爻動
　　　　　　　　　　　　　　　　　　　　月
(上卦)
　　　　　　　　　　　　　　　　　　　　乙
　　　　　　　　　　　　　　　　　　　　丑
　　　　　　　　　　　　　　　　　　　　日

　　　　　　　　　　　　　3

內卦
財　酉金　兄　午火　--　句(世)　(伏神亥水)
　　　　孫　辰土　—　朱
　　　　父　寅木　--　靑(身)

(下卦)　　　　　用神五行　亥水　官
　　　　　　　　卦神　申金

(4)

외괘
(外卦)

형 (兄)	오화 (巳火)	—	현무 (玄武)	응 (應)	3	화 (火)	화 (火)	을미년 (乙未年)	
									이 (離)
						풍 (風)	수 (水)	병술월 (丙戌月)	화 (火)
손 (孫)	미토 (未土)	--	백호 (白虎)				미 (未)	을축일 (乙丑日)	궁 (宮)
						정 (鼎)	제 (濟)		
재 (財)	유금 (酉金)	—	등사 (螣蛇)	명 (命)					삼세 (三世)
									삼효동 (三爻動)

6

상괘
(上卦)

3

내괘
(內卦)

재 (財)	유금 (酉金)	형 (兄)	오화 (午火)	--	구진 (句陳)	세 (世)	복신해수 (伏神亥水)
		손 (孫)	진토 (辰土)	--	주작 (朱雀)		
		부 (父)	인목 (寅木)	--	청룡 (靑龍)	신 (身)	

하괘
(下卦)

용신오행(用神五行) 해수(亥水) 관(官)

괘신(卦神) 신금(申金)

통변(通辯) (4)

40대 후반으로 보이는 여성이 소개로 왔다면서 사무실로 들어왔다. 상담실로 안내하고 뽕잎 차를 대접한 후 아무것도 묻지 않고 괘(卦)를 뽑았다. 왜냐면 소개로 온 분들은 어차피 아무 말도 하지 않기 때문이다.

괘(卦)가 화수미제(火水未濟)와 화풍정(火風鼎)이 나왔는데 화수미제란 뭔가 이루어지지 않는 것을 의미한다. 즉 미완성이라 보면 맞다. 거기다 화풍정인데 화풍정은 3하고 관련이 깊다.

그래서 용신(用神)을 찾아보았더니 관(官)이 나왔다. 여자에게 관(官)은 남자도 되고 직업(職業) 또는 병(病)으로도 해석을 하기 때문에 관이 나왔다고 해서 무조건 남자 문제로 왔냐고 하거나 하시는 일이 문제가 있느냐고 성급하게 이야기했다가는 낭패를 보기 쉽다.

그렇기때문에 전체적인 괘(卦)를 들여다보고 일진(日辰)과 월건(月建)의 상생, 상극관계 그리고 기운의 흐름을 파악해야 한다. 그래서 유심히 전반적인 것을 살펴봤는데 참으로 애매모호하며 앞에서 말한 세 가지가 전부 포함이 되고 있었다. 그래서 이야기를 잘 들어야 한다고 말했다. 그러자 여성분은 눈이 동그래지더니 대답을 하며 집중을 했다. 이어 용신(用神)이 관(官)이 나왔다고 하자 용신이 뭔가요? 하고 곧바로 묻는 것이다.

"전문적으로 이야기하면 이해하기 어려우니 쉽게 풀어서 말씀을 드리죠. 용신은 쉽게 이야기하자면 어떤 문제의 핵심 또는 원인입니다."

그제야 알아들었는지 여성이 고개를 끄덕거렸다.

"이 용신이 관(官)이 나왔는데 여자에게 관이란 남자도 되고 직업 또는 사업 그리고 질병으로도 해석이 가능합니다. 보통 이렇게 관이 나오면 꼭 이 세 가지 중에 한 가지는 포함이 되어 있곤 하지요. 그런데 사모님의 경우는 다 작용을 하고 있습니다. 왜냐하면 관은 직업 또는 사업이라고 했는데, 오효(五爻)가 직업궁이자 바깥궁입니다. 손(孫)은 돈벌이를 뜻하기도 하고 음식 또는 손님으로도 봅니다. 거기에 백호(白虎)가 앉아 있어요. 백호는 피를 보는 동물입니다."

피를 보는 게 좋을 것 같으냐고 덧붙여 물었더니 여성분은 아니라며 대답하며 고개를 절레절레 흔들었다.

"게다가 기운(氣運)이 가장 강한 일진(日辰)에서 충(沖)이 왔으니 분명 엄청난 타격이 왔을 겁니다. 거기다 만약 남자 문제라면 괘(卦) 안에 여자가 둘이 있습니다. 내괘(內卦)에 있는 것이 사모님이라면 외괘(外卦)에 있는 것은 다른 여자라고 봐야지요."

그러니 화풍정은 숫자 3과 관련이 있고 삼각관계, 즉 남편분이 바람을 피우고 있다고 했더니 갑자기 차를 벌컥벌컥 마시고 나서 흥분한 채로 이야기를 시작했는데 여성분의 이야기는 이랬다.

10년 전부터 설렁탕 가게를 했는데 국물 맛이 좋아서 손님이 제법 많아 장사가 잘 됐다고 한다. 그러다 우연히 지인(知人)의 소개로 사정이 딱한 베트남 여자를 데리고 와서 일을 시켰고 한국 여자들과는 다르게 힘들어도 요령을 피우거나 급여를 올려 달라거나 그러지도 않으며 너무 성실하게 잘하고 믿음이 가서 카운터도 맡기고 나중에는 남편과 같이 시장에 가서 장도 보고 그랬다는 것이다. 그렇게 같이 다니다가 그만 눈이 맞았고 결국에는 바람을 피우는 현장을 잡았다고 한다.

그래서 베트남 여자를 요절을 내고 가게에서 내보냈더니 베트남으로 돌아가 일이 잘 해결됐구나 싶었는데 얼마 전 지인이 베트남 여자와 남편이 같이 지나가는 것을 보았다고 연락이 왔다는 거다. 그래서 이 여성분이 다급하게 알아보았더니 글쎄 베트남 여자가 정말로 최근에 다시 입국해 있었단다.

그래서 괘신(卦神)을 살펴보았더니 신(申)이다. 그럼 불과 두세 달 전에 왔다는 것인데 하는 마음에 말했다.

두세 달 전에 들어 왔느냐고 말을 하니, 그렇다는 대답이 들려왔다. 그리고 나는 계속 말을 이어갔다. 종합적으로 판단해 본 결과 처음부터 장사가 안된 것은 아니고 결국 남편의 외도 때문에 가게에 신경을 쓸 겨를이 없었고 온갖 신경이 거기에 쏠리는 탓에 장사도 점점 힘들어지고 그로인해 집안의 아이들과 사이가 좋지 못한 것이었다. 가택궁(家宅宮)에 손(孫)인 자식들에게 충(沖)을 하고 있으니 절대 좋을 리가 없었다.

이는 어찌 보면 당연했다. 그런 일로 인한 스트레스를 아이들에게 풀었을 것이고 가정은 쑥대밭이 되었을 것이며 남편이 역마(驛馬)라서 어디론가 나가고 집에 없으니 여성은 화병까지 온 상태였다. 이화궁(離火宮)은 화(火)궁이니 오행의 병(病)의 진단으로 보면 화병이 맞고 세(世)가 삼세(三世) 있으니 병이 제법 진행을 해서 몸도 마음도 상당히 힘든 상태에 있었다.

위와 같은 상황을 이야기를 자세하게 하자 여성분은 갑자기 울먹이다 끝내 울음을 터트렸다. 너무 크게 울어서 순간 나는 당황스러웠고 그저 화장지를 몇 장 뽑아서 건네주는 것 말고는 별다른 방법이 없었다.

마지막으로 전반적인 괘(卦)를 통변하자면 화수미제는 미완성 즉 남편의 외도를 해결하지 못한 것이고 화풍정은 베트남 여자와의 삼각관계로 세 사람이 관련된 문제라는 것을 괘(卦)는 정확히 말해주고 있었다.

게다가 화풍정은 새로운 시작이라는 뜻도 포함하고 있다. 이 여성분은 남편과 헤어지고 새로운 시작을 하게 될 운명인데 그리고 초효(初爻)의 문서가 겁살(劫殺)이라 지금 남편과는 깨지며 내괘(內卦)에 있으니 현 상황에서는 이혼 문서가 틀림없었다. 나는 상담을 할 때 숨김없이 다 이야기를 하는 편인데 그래야 내 방자가 올바른 판단을 할 수 있기 때문이다.

"남편인 관(官)이 복신(伏神)에 역마라서 지금은 어디론가 사라져버리고 없지만 해월(亥月)인 다음 달에 기운이 강해서 투출되면 사모님 앞에 나타날 것입니다. 그리고 빠르면 3개월 늦어도 8개월 안에는 이혼 이야기가 나올 것이니 잘 판단하시고 신중하게 생각하시기를 바랍니다."

그렇게 모든 상담을 마치고 여성분은 돌아갔다. 항상 상담을 마치면 나 또한 마음 한구석이 씁쓸해서 기분이 좋지 못한데 오늘은 여성분이 눈물을 보이니 나도 못내 마음이 아팠다. 그렇게 한 4개월 조금 지났을 것이다. 한 여성분이 사무실 문을 열고 고개를 내미는데 어디선가 낮이 익은 얼굴이었다.

"이사 가려고 합니다. 방향하고 날짜를 잡고 싶어서요."

그래서 오신 적 있지 않으냐고 했더니 맞다고 하면서 전에 왔었고 선생님이 하신 말씀대로 다 들어맞아서 소름이 끼쳤다고 했으며 그리고 남편과는 불과 3주 전에 합의 이혼하고 깨끗이 정리했다고 했다.

(5)

外卦	父	未土	--	玄(應)(命)	2	雷山	澤山	乙未年	兌金
	兄	酉金	—	白		小過	咸		宮 三世
	孫	亥水	—	蛇				丁亥月	五爻動
					7				
(上卦)								甲申日	

5

內卦	兄	申金	—	句(世)(身)		
	官	午火	--	朱	(伏神 卯木)	
	父	辰土	--	靑		

(下卦)　　　　　　　用神 五行 卯木 財
　　　　　　　　　卦神 寅木

(5)

외괘
(外卦)

부	미토	--	현무	응	명	2	뇌	택	을미년	태
(父)	(未土)		(玄武)	(應)	(命)		(雷)	(澤)	(乙未年)	(兌)
							산			금
							(山)			(金)
형	유금	—	백호				소	산	정해월	궁
(兄)	(酉金)		(白虎)				(小)	(山)	(丁亥月)	(宮)
							과	함	갑신일	
							(過)	(咸)	(甲申日)	
손	해수	—	등사			7				삼세
(孫)	(亥水)		(騰蛇)							(三世)
										오효동
										(五爻動)

상괘
(上卦)

5

내괘
(內卦)

형	신금	—	구진	세	신		
(兄)	(申金)		(句陳)	(世)	(身)		
관	오화	--	주작			복신묘목	
(官)	(午火)		(朱雀)			(伏神 卯木)	
부	진토	--	청룡				
(父)	(辰土)		(靑龍)				

하괘
(下卦)

용신오행(用神五行) 묘목(卯木)재(財)

괘신(卦神) 인목(寅木)

을미년(乙未年), 그러니까 2015년 작년에 있었던 일이다. 내방객은 이제 60대 초반 정도로 딸 둘을 둔 아주머니다. 생년월일은 물론 아무것도 묻지 않고 다 맞춘다는 소문을 듣고 왔다며 찾아 왔는데 행색이 단아하고 좀 사는 집의 부인처럼 보였다.

손님이 찾아오면 생년월일부터 말하는 것이 보통인데 소문을 듣고 와서 그런지 앉아서 아무 말도 안 하고 내 눈만 멀뚱멀뚱 쳐다보는 것이다. 하는 수 없이 시각법(時刻法)으로 괘(卦)를 뽑아 풀기 시작했고 택산함(澤山咸)과 뇌산소과(雷山小過) 괘(卦)가 나왔다. 택산함이라는 것은 뭔가 민감한 문제가 있다는 뜻이다. 그것이 사람과 사람 문제일 수도 있고 돈 문제일 수도 있고 직장 문제일 수도 있고 자손 문제일수도 있다. 뿐만 아니라 여러 가지 문제 중에 아무튼 뭔가 민감한 문제가 현재 있다는 이야기다.

그래서 용신(用神)을 찾아보았다. 찾은 결과 용신은 재(財) 즉 재물, 돈과 관련된 문제라는 것인데 재(財)가 복신(伏神)이고 땅 밑에 묻혀 있으니 결국은 수중에 돈이 없다는 것이다. 게다가 동(動)해서 변한 괘(卦)가 뇌산소과(雷山小過)가 나왔다. 이 괘(卦)의 뜻은 약간 지나친다는 뜻이다. 즉 돈으로 인해서 조금 과하게 행동을 한다는 것이고 지나치면 좋지 못하니 절대 지나친 행동을 해서는 안 된다.

그래서 아주머니에게 말을 건넸다. 현재 돈으로 인해서 아주 민감한 사안이 있냐고 묻자 눈이 동그래지며 그렇다고 대답을 하는 것이었다. 그래서 나는 계속 말을 이어갔다.

"용신이 재물인데 땅속에 묻혀 있으니 수중에 돈이 없고 난감하네요. 뇌산소과(雷山小過)의 괘(卦)가 나왔으니 아무리 돈이 급해도 무리해서 돈을 융통하실 생각은 아예 하지 않는 것이 좋겠습니다."

행여나 어디서 돈을 빌려서 일을 진행하게 되면 제법 손실이 크다고도 덧붙였더니 내 말이 끝나기가 무섭게 아주머니가 되물었다.

"그렇지 않아도 남편 주위 사람이 남편에게 좋은 아이템이 있다면서 자꾸 동업을 권하고 있는데 글쎄 남편이 집에 있는 돈을 다 해도 모자라서 대출을 받을 생각을 하고 있어요. 안 된다고 말을 해도 상당히 좋은 아이템이라며 절대 놓칠 수 없다고 완강하게 나와서 너무 걱정됩니다. 하면 안 되는 건가요?"

"미리 말씀드렸지요. 하시면 제법 손해(損害)가 있을 겁니다."

그리고 나는 계속 말을 이어갔다

"형(兄)은 주변인을 말하는 것인데 직장 자리, 바깥 자리에서 주변인이 동(動)하고 계속 움직이니 남편 분에게 끝이 없이 권유할 것입니다. 게다가 육수(六獸)가 백호(白虎)인데 백호는 피를 보는 동물입니다. 즉 말하자면 끝까지 될 때까지 집요하게 유혹을 할 것이니 절대 넘어가면 안 됩니다. 또한 괘(卦) 안에 또 한

사람의 주변인이 더 있습니다. 그 사람도 같다고 봐야 합니다. 그
런데 말입니다. 그 주변인 중 한 분은 가까이 있는 사람이 아닙
니다. 외괘(外卦)는 바깥 외 자(字)를 써서 바깥에 있다, 아주 멀
리 있다는 의미입니다."

이렇게 말하자 아주머니가 기겁을 하면서 맞장구를 쳤다.

"맞아요. 맞고요. 남편 고등학교 동창인데 중국에서 지금
사업을 하고 있거든요. 그 사람 말로는 중국에서 사업이 너
무 잘 돼서 더 크게 확장을 하는데 남편에게 투자를 하라는
것이에요."

그리고 괘(卦)를 조금 더 들여다보았다. 이 아주머니의 남편이
어떤 사람인지 궁금해지기 시작해서 남편을 들여다본 것이었는
데 보통 여자에게 관(官)은 남자이고 관(官)이 이효(二爻)에 위치
하고 있다. 괘에서 이효(二爻)는 가택궁(家宅宮)이니 가정적이고
거기다 주작(朱雀)에 오화(午火)라서 이 얼마나 좋은 남편감인
가 싶었다. 그래서 아주머니에게 말했다.

"사장님이 참 가정적이고 주작(朱雀)에 오화(午火)라서 직업
(職業)도 상당히 좋네요."

이렇게 말했더니 아주머니가 곧장 대답했다.

"맞습니다. 조금 고지식해서 그렇지 법 없이도 살 사람이에
요. 공무원 생활 하다가 얼만 전에 퇴직했습니다."

나는 물었다.

"얼마 전에 퇴직하셨으면 그래도 퇴직금이 제법 될 텐데요?"

"첫째가 작년에 결혼했고 둘째도 올해 결혼을 할 예정입니다. 남편이 그 돈은 절대 건들지 않는다고 하네요."

그 말을 듣고 자손을 봤더니 일진일대라서 기운(氣運)이 상당히 강하게 들어와 있었다. 그래서 내가 딸이 결혼하는데 무슨 돈이 그리 많이 필요 하느냐고 물었다.

"딸이 약사로 일하고 있어요. 사위 될 사람은 애는 괜찮은데 집안 형편이 너무 어려워 집도 우리가 해야 하고 딸에게 조그만 약국이라도 마련을 해줘야 할 것 같아서 생각보다 돈이 많이 들어가네요."

이 이야기를 듣고 있으니 내심(內心) 부럽기도 했고 대한민국의 부모가 얼마나 힘들게 자식을 키우고 또 다 키워서도 이렇게 힘들게 고생을 하는 것을 생각하니 우리나라 부모님들이 불쌍하다는 생각도 들었다.

마지막으로 주변인의 비신(飛神)이 모두 금(金)이다. 금이 무엇인가, 금(金)은 곧 돈이다. 그러니 주변인에게 얼마나 많이 돈이 들어가겠나. 산송역수로 이 아주머니의 최근의 근황과 을미년 한해의 기운(氣運)을 보았고 딸과 사위의 궁합이 궁금하다고 하여 궁합을 본 후 돌아갔다.

이렇게 산송역수(山松易數)는 명리학(命理學)과 다르게 현미경처럼 자세히 들여다 볼 수 있는 장점이 있어서 많은 분이 내방하고 있다.

(6)

外卦	兄	未土	--	白	2	重	澤	乙	坤
	孫	酉金	一	蛇(世)		兌	天	未	土
	財	亥水	一	句(身)		澤	快	年	宮

　　　　　　　　　　　　　　　　　　　　　　　　五世

　　　　　　　　　　　　　　　　　　　　　　　三爻動

　　　　　　　　　　　　1　　　　　　丁

(上卦)　　　　　　　　　　　　　　　亥

　　　　　　　　　　　　　　　　　　月

　　　　　　　　　　　　　　　　　　癸

　　　　　　　　　　　　　　　　　　卯

　　　　　　　　　　　　　　　　　　日

　　　　　　　　　　　　3

內卦

兄	辰土	一	朱	
官	寅木	一	靑(應)	(伏神 巳火)
財	子水	一	玄(命)	

(下卦)　　　　　　用神五行 巳火 父
　　　　　　　　　卦神 辰土

(6)

외괘
(外卦)

형 (兄)	미토 (未土)	--	백호 (白虎)	2	중 (重)	택 (澤)	을미년 (乙未年) 정해월 (丁亥月)	곤 (坤) 토 (土)
손 (孫)	유금 (酉金)	—	등사 (螣蛇)	세 (世)	태 (兌)	천 (天)	계묘일 (癸卯日)	궁 (宮)
재 (財)	해수 (亥水)	—	구진 (句陳)	신 (身)	택 (澤)	쾌 (快)		오세 (五世) 삼효동 (三爻動)

1

상괘
(上卦)

___

3

내괘
(內卦)

형 (兄)	진토 (辰土)	—	주작 (朱雀)		
관 (官)	인목 (寅木)	—	청룡 (靑龍)	응 (應)	복신사화 (伏神 巳火)
재 (財)	자수 (子水)	—	현무 (玄武)	명 (命)	

하괘
(下卦)

용신오행(用神五行) 사화(巳火) 부(父)

괘신(卦神) 진토(辰土)

산송역수와 생활풍수

통변(通辯) (6)

이번 내방자는 연세가 좀 있는 여사님이다. 문제가 생길 때마다 오셔서 상담을 받고 가는 분이신데 이분의 따님도 아파트를 팔려고 하다가 나의 조언을 듣고 팔지 않고 갖고 있어서 3천만 원의 이익을 보았기 때문에 모녀가 자주 방문한다.

이 여사님이 오신 이유는 얼마 전 어떤 남자가 돈을 빌려 가서 소식도 없고 잠적한 일이 있었기 때문이다. 이 남자에 대해서 괘(卦)를 풀어서 어디쯤 있다는 것을 알려드리고 잡은 적이 있었는데 남자가 말하기를 곧 공사대금을 받으면 돈을 준다고 하여 그 말을 믿고 기다리던 중에 다시 잠적하고 연락이 두절 되어 사기로 고소를 한 상태에서 경찰에 붙잡혀서 조사를 받는 중이었다. 이런 상황에서 앞으로 돈을 받을 수는 있는 것인지 궁금해서 오신 것이다.

그래서 괘(卦)를 뽑아봤다. 택천쾌(澤天快)가 나오고 동(動)해서 중태택(重兌澤)이 나왔다. 택천쾌라는 것은 뭔가 빠르게 진행이 되고는 있으나 도중에 장애가 있거나 어떠한 좋지 못한 일로 순탄하게 진행되고 있지 않음을 의미한다. 그러나 기운(氣運)의 흐름이 결국 중태택으로 갔으니 일은 잘 해결될 것으로 보였다.

왜냐면 중태택은 위에도 연못이요 아래도 연못이다. 연못 하면 무엇이 연상되는가? 연못은 파도가 치지 않는다. 즉 잔잔하고 고요한 상태를 의미하므로 무난하게 해결이 될 것이며 중태택은 길괘(吉卦)라서 좋은 기운이 반듯이 작용한다. 이미 결과는 나왔지만 자세한 흐름을 알려면 괘(卦)를 좀 더 들여다봐야 하기 때문에 살펴보았다.

우선 용신이 무엇인지 찾아보았더니 사화(巳火)였다. 사화는 문서(文書)이고 소식인데 복신(伏神)이라 땅에 묻혀 있어서 여사님은 애간장이 타고 있을 것이 분명했다. 그러나 마침 월건(月建)에서 충(沖)을 해서 투출 되어 올라와서 조만간 소식이 있을 것이고 또한 사화(巳火)는 역마(驛馬)라서 연락이 반드시 오게 되어있었다. 하지만 여사님이 알고 싶은 것은 돈을 받을 수 있는지 없는지, 받을 수 있다면 그 시기는 언제쯤인가 그것이 알고 싶은 것이다. 그래서 더 자세하게 보았고 사효(四爻)에 일진일대가 온 것을 발견할 수 있었으며 그것이 재(財)라서 이 여사님은 소식이고 뭐고 다 필요 없고 오로지 돈이었다.

그럼 이제 자세한 통변으로 들어가 보자. 세(世)가 오효(五爻) 바깥 자리에 있고 육친(六親)이 손(孫)이다. 손(孫)은 자손, 음식 그리고 돈 벌이로 해석하는데 빌려준 돈은 이자가 붙어서 돌아오니 분명한 돈벌이로 봐야 할 것이고 남한테 빌려줬으니 바깥 자리요. 게다가 비신(飛神)이 금(金)이니 이 어찌 돈이 아니겠는가?

거기다가 일진에서 충(沖)까지 왔으니 아무 말도 하지 않더라도 돈 문제 혹은 돈벌이 문제라는 것을 바로 알 수 있는 것이다. 또한 충(沖)이 와서 움직임이 시작할 것인데 비신이 금(金)이니 받는다 하더라도 빠르면 내년 4월, 늦으면 9월은 되어야 다 받을 수 있을 것이다.

그리고 상대의 자리인 응(應)을 보았다. 청룡자리에 상대가 있으니 솔직히 나쁜 사람은 아니며 본인도 공사대금을 받지 못하였거나 원청으로부터 돈을 떼였거나 해서 갚지 못하는 상황이라는 말이 거짓은 아닌 것 같다.

세상살이 돈이 문제지 사람이 문제는 아닌 것이다. 게다가 현재 진행 상황을 보면 이 남자가 관(官)에 붙어 있었고 실제로 경찰에서 잘 조사를 받고 있었다.

이런 이야기를 여사님에게 말해드렸더니 여사님이 하는 이야기가 경찰에서 이 남자를 호출했고 남자가 순순히 출두(出頭)해서 조사 중이며 남자는 처음부터 연락을 피할 생각은 없었는데 본인도 공사 때문에 지방으로 돌아다니느라 연락이 힘들었을 뿐이고 공사대금을 받으면 곧 갚겠다고 했다는 것이다. 남자가 하는 말과 현 상황을 들어보면 경찰 입장에서도 딱히 구속은 불가능할 것으로 보인다.

왜냐면 전과가 있는 것도 아니고, 사기는 처음부터 의도적인 면이 있어야 하는데 그런 것을 밝히기란 솔직히 쉬운 것이 아니기 때문이다. 또한 피해자가 여러 명이 있다면 사기로 판단할 수 있는 여지가 있겠지만 그런 것도 아니고 단지 돈 빌려 가서 전화 연락이 다소 안 됐다는 것만으로는 사기죄의 성립이 되지는 않는다.

또한 여사님과 합의를 보고 언제까지 돈을 갚는다는 약속을 하겠다고 말했다면서 오늘 아침 경찰에서 그러한 연락이 왔다는 것이다.

산송역수(山松易數)는 위의 모든 내용을 짚어주고 있었고 남자에게 연락이 올 것이라는 사실마저 정확히 말해주고 있었다. 연락이나 소식은 괘(卦) 안에서 사화(巳火)이었고 응(應)에 위치하고 있었지만 복신(伏神)이라서 땅에 묻혀 있어 힘이 없었다. 그러나 월건(月建)에서 충(沖)이 되어 투출되었으니 빠르면 이틀 늦어도 일주일 안에는 남자에게 연락 올 것이 틀림없었다.

위의 모든 내용을 여사님에게 말해주었더니 여사님은 고맙다며 웃으면서 흐뭇하게 사무실을 나갔다. 그리고 정확히 3일 후 남자에게 연락이 왔다며 여사님에게 전화가 왔는데 그래서 남자의 자필로 변제서약서를 받고 공증을 받을 것을 당부드렸다.

(7)

外卦

兄	巳火	―	蛇(身)	3	火	火	乙未年	離火宮
孫	未土	--	句(應)		水未濟	風鼎		二世
財	酉金	―	朱				丁亥月	三爻動
				5			庚戌日	

(上卦)

3

內卦

財	酉金	―	靑(命)	
官	亥水	―	玄(世)	
孫	丑土	--	白	(伏神 卯木)

(下卦)

用神五行 卯木 父
卦神 丑土

(7)

외괘 (外卦)	형 (兄)	사화 (巳火)	—	등사 (螣蛇)	신 (身)	3	화 (火)	화 (火)	을미년 (乙未年) 정해월 (丁亥月)	이 (離) 화 (火)
	손 (孫)	미토 (未土)	--	구진 (句陳)	응 (應)		수 (水) 미 (未)	풍 (風)	경술일 (庚戌日)	궁 (宮)
	재 (財)	유금 (酉金)	—	주작 (朱雀)			제 (濟)	정 (鼎)		이세 (二世) 삼효동 (三爻動)

5

상괘
(上卦)

3

내괘
(內卦)

	재 (財)	유금 (酉金)	—	청룡 (靑龍)	명 (命)	
	관 (官)	해수 (亥水)	—	현무 (玄武)	세 (世)	
	손 (孫)	축토 (丑土)	--	백호 (白虎)		복신 묘목 (伏神 卯木)

하괘
(下卦)

용신오행(用神五行) 묘목(卯木) 부(父)

괘신(卦神) 축토(丑土)

통변(通辯) (7)

40대 후반의 평범한 여성분이 아주 조심스럽게 사무실 문을 열고 들어왔다. 한참 다른 분 상담 중이라 차 한 잔 드리고 잠시 기다리시라고 했더니 잡지를 보고 있었다.

관상을 보니 전택궁(田宅宮)이 두툼한 것이 남자관계가 꽤 복잡하다는 생각이 들었다. 앞에 내방자의 상담이 끝나서 이 여성분의 사주를 살펴보았는데 아니나 다를까 관살(官殺) 혼잡에 이별 수까지 있고 부부궁(夫婦宮)에 형(刑)이 와 있어 이혼 한 번은 기본이고 복잡한 남자관계로 인해서 인생이 참 고달픈 분이었다. 그럼 무슨 문제로 왔는지 알아보기 위해 괘(卦)를 뽑았더니 화풍정(火風鼎)에 화수미제(火水未濟)가 나왔다.

화풍정은 불 화(火)에 바람 풍(風), 솥뚜껑 정(鼎)이다. 즉 밥솥에 밥하려고 불을 붙인 격인데 바람까지 솔솔 불어 참으로 좋은 형상이 바로 화풍정이다. 즉 밥을 하려고 이제 막 불을 붙인다는 의미는 뭔가 새롭게 시작을 한다는 것이고 보통 사업이든 연애든 뭔가를 새롭게 시작할 때 많이 나오는 괘이며 남자 문제 또는 3하고도 관련이 깊은 괘다.

그런데 화수미제로 기운(氣運)이 움직이고 있어서 조금은 안타까웠다. 왜냐면 화수미제의 미제(未濟), 이루어지지 않는 것, 미완성을 의미하기 때문에 결과가 좋지 못하다.

그래서 괘(卦)를 자세하게 살펴보고 용신(用神)을 찾아보았다.

용신이 목(木)에 부(父)이기 때문에 어떤 소식이나 문서 관련 일이 확률이 높아서 곧바로 물어보았다.

"혹시 어떤 소식을 기다리고 있지 않으면 문서 관련해서 문제가 있어 온 것이 아닌가요?"

내 말에 여자분이 대답이 딱히 소식 기다리는 것은 없고, 문서 관련 일도 없다고 말하며 고개를 갸우뚱거리는 것이다. 이상하다. 그럴 리가 없는데 하는 마음에 이번에 괘신(卦神)을 찾아보았다.

괘신은 축토(丑土)에 손(孫)이었는데 손(孫)은 자손 혹은 돈 벌이로 해석한다. 그래서 다시 물었다. 그럼 자식 문제 아니면 돈벌이 문제로 왔느냐고 했더니 또다시 거침없이 아니라고 하는 것이다. 그간 상담을 하면서 난감한 적이 없었던 것은 아니지만 이렇게 계속 아니라고 하는 손님도 없었다.

그래서 그럼 뭐 때문에 여기 왔냐고 물었더니 새로운 남자를 만났는데 이 사람과 결혼을 해도 되는지 또한 이 남자의 수입이 얼마나 되며 앞으로 돈은 잘 벌 수 있는지 궁금해서 왔다고 말하는 것이다. 정말 기가 차고 어이가 없었다. 남자의 수입은 남자에게 물어봐야지 여기서 남자의 수입을 물어본다는 것이 이해가 가지 않았지만 상담하다 보면 이런 분이 한두 분이 아니라서 할 수 없이 차근차근 설명했다.

"좀 전에 결혼해도 되나요 라고 물어보셨죠?"

그러자 여자분이 네라고 답했다. 그럼 결혼하면 혼인신고하느냐 안 하느냐 물었더니 여자분이 당연하다는 듯이 한다고 대답을 했다. 그래서 다시 물었다.

"그럼 혼인신고서는 문서입니까? 아닙니까?"

그 말을 듣던 여자분이 어머, 그러네요 하고 대답하며 거기까지는 생각을 못 했다고 하는 것이다. 그리고 또다시 물었다.

"그 남자분의 수입과 앞으로 돈은 잘 벌 수 있나 물어보셨죠?"

그러자 여자분이 맞다고 대답했다.

"좀 전에 제가 괘신이 손(孫)인데 돈벌이 혹은 자손 문제라고 하니 아니라면서요?"

그러자 여자분이 얼굴이 빨개지면서 대답했다.

"죄송해요. 제가 아무 생각 없이 대답했네요. 다 맞아요."

그렇다. 산송역수(山松易數)는 정확히 말해주고 있었지만 여자분은 새로 만난 남자분의 수입이 궁금해서 오셨느냐고 똑같이 묻지 않았기 때문에 아니라고 대답했던 것인데 대한민국에 이렇게 하는 사람은 없다. 산신령이 아닌 이상 어떻게 이렇게 할 수 있겠나. 솔직히 아무것도 묻지 않고 이 정도 맞추는 사람도 몇 없다. 이 여자분이 조금만 센스가 있었더라도 정확히 다 맞았다는 것을 느꼈을 텐데….

그리고 더 자세하게 풀어보았다. 가택궁(假宅宮)에 관(官)이 있고 세(世)가 위치하고 있으니 결혼을 해도 되나요 라고 묻고 있지만 실은 벌써 같이 한집에서 사는 것이 분명해서 물어보니 실은 몇 달 전부터 같이 살고 있기는 한데 남자가 정식으로 혼인신고를 하자고 해서 어떻게 해야 하나 망설여진다고 했다.

그래서 남자에 대해 보기로 했다. 남자는 현무(玄武)에 관(官)이 위치하고 있었다. 풀이를 하면 현무는 극단적으로 말하면 도둑놈 사기꾼이다. 현재 하는 일도 고되고 힘든 일이며 좋지 못할 것은 불 보듯 뻔했다.

게다가 또 하나의 손(孫)이 초효(初爻)에 있고 비신(飛神)이 축토(丑土)인데 직업궁(職業宮)에 있는 비신도 토(土)이니 땅과 관련한 부동산이나 아니면 건축 토목 일에 종사하는 것으로 보여서 남자분이 혹시 부동산 땅 관련 일이나 아니면 건축 토목 쪽에서 일하지 않냐고 물었더니 건축 일을 하는 것은 아는데 무슨 일인지는 자세하게 모르겠다고 했다.

솔직히 마음이 씁쓸했다. 같이 사는 사람이 무슨 일을 하는지도 모르고 그저 돈 많이 버나 그것에만 관심이 있으니 이 얼마나 한심한 노릇인가. 어찌 되었건 남자가 썩 좋은 상대라고는 볼수가 없으나 돈벌이가 고(庫)에 갇혀 있어서 상황은 힘들지만 일진(日辰)에서 파(破)가 와서 투출되어 올라왔으니 돈벌이는 조금씩 나아지고 있었고 청룡(靑龍) 재(財)라서 앞으로 더욱 좋아질 것이었다.

또한 남자분의 건강은 월건(月建)의 강한 기운을 받고 있기 때문에 주의하지 않으면 안 되고 게다가 겁살(劫殺)이라 자칫 사고수도 있으니 각별히 조심해야 했다. 그래서 위의 모든 사항을 자

세히 이야기했더니 역시 소문대로 라며 감사하다고 인사를 하
면서 또 답답한 일이 있으면 찾아오겠다며 사무실을 나갔다.

(8)

外卦　官　卯木　—　朱(應) (命) 5　　　重　風　乙　艮
　　　　　　　　　　　　　　　　　　　　　　未　土
財 子水　父　巳火　—　靑　(伏神 子水)　　艮　山　年　宮

　　　兄　未土　--　玄　　　　　　　　　山　漸　　　三世
　　　　　　　　　　　　　　　　　　　　　　乙　五爻動
　　　　　　　　　　　　　　　　　　　　　　酉
　　　　　　　　　　　　7　　　　　　　　　月

(上卦)
　　　　　　　　　　　　　　　　　　　　　　戊
　　　　　　　　　　　　　　　　　　　　　　子
　　　　　　　　　　　　　　　　　　　　　　日

　　　　　　　　　　　　5

內卦
　　　孫　申金　—　白(世)(身)
　　　父　午火　--　蛇
　　　兄　辰土　--　句

(下卦)　　　　　　　用神五行　子水　財
　　　　　　　　　　卦神　寅木

(8)

외괘 (外卦)	관 (官)	묘목 (卯木)	—	주작 (朱雀)	응 (應)	명 (命)	중 (重)	풍 (風)	을미년 (乙未年)	간 (艮)
						5			을유월 (乙酉月)	토 (土)
재 (財)	자수 (子水)	부 (父)	사화 (巳火)	—	청룡 (靑龍)	복신자수 (伏神 子水)	간 (艮)	산 (山)	무자일 (戊子日)	궁 (宮)
		형 (兄)	미토 (未土)	--	현무 (玄武)		산 (山)	점 (漸)	삼세 (三世)
									오효동 (五爻動)

7

외괘
상괘
(上卦)

5

내괘
(內卦)

	손 (孫)	신금 (申金)	—	백호 (白虎)	세 (世)	응 (應)
	부 (父)	오화 (午火)	--	등사 (螣蛇)		
	형 (兄)	진토 (辰土)	--	구진 (句陳)		

하괘
(下卦)

용신오행(用神五行) 자수(子水)   재(財)

괘신(卦神) 인목(寅木)

통변(通辯) (8)

30대 초반의 여성분이 지금 볼 수 있나요 라며 문을 두드렸다. 언제나처럼 뽕잎 차를 대접하고 괘(卦)를 뽑았더니 풍산점(風山漸)에 중간산(重艮山)이 나왔고 용신(用神)을 보았더니 재(財)였다. 그래서 물었다.

"풍산점은 여자가 시집가는 괘인데 결혼문제로 오셨나요?"

맞다는 대답이 들려왔다. 그러나 중간산은 산 넘어 산, 즉 첩첩산중이라는 뜻이라 쉽지도 않을뿐더러 용신이 재(財)이니 돈이 없어 이 결혼은 참으로 어려웠다. 남자가 주작(朱雀)에 묘목(卯木)이고 하늘에 위치하고 있으니 참으로 좋지만 인연이 아니면 어쩔 수 없는 법이다.

게다가 직장에 이동수가 있고 육수(六獸)의 청룡(靑龍)이 동(動)해서 강한 기운을 받아 자수(子水) 즉 물에서 마음껏 헤엄치고 노니 이 얼마나 좋은가. 그러나 수극화(水剋火) 회두극(回頭剋)이라 주위 사람과 조금 마찰은 예상됐다. 위와 같은 내용을 여성분에게 설명하며 조금 조심해야 한다고 말했다.

"맞아요. 남자 쪽 어머니가 저를 마음에 안 들어 하시더라고요."

말하는 여자분의 표정이 어두워졌다. 게다가 혼인은 관청에서 허가하는 것인데 월건(月建)에서 관(官)하고 충(沖)이 왔으니 더욱 어려울 것이고 내괘(內卦)를 본인이라고 하면 외괘(外卦)를 상대방이라고 보는데 바깥 궁에 문서가 움직여서 회두극이 되니 성사되기 많이 어려워 보였다. 여성분이 다시 말을 꺼냈다.

"결혼은 성사되기 힘든가요?"

"솔직히 쉽지 않습니다. 부(父)가 소식이자 문서인데 등사(螣蛇)입니다. 등사는 아주 좋지 못한 것입니다. 그런데 거기다 비신(飛神)이 오화(午火)라서 뱀이 불에 들어가는 형상이니 좋을 리가 없지요."

"그쪽 집에서 저와의 결혼을 탐탁지 않게 여기는 것도 문제지만 혼수도 너무 과도하게 요구를 하고 있어 저의 집에서도 이 결혼은 다시 생각해 보자고 해서 그래서 어떻게 될지 궁금하기도 하고 답답하기도 해서 왔어요. 우리 집이 솔직히 형편이 그렇게 좋지도 않은데 상대 쪽에서 너무 많은 것을 요구하는 것이 가장 큰 문제거든요."

여성분의 말을 듣고서 대답을 해줬다.

"올해 결혼 운이 들어와 있는 것은 사실이지만 운(運)이 들어와 있다고 해서 다 이루어지는 것은 아닙니다. 손님처럼 결혼 이야기가 오고 가도 안 좋은 기운(氣運)이 작용하는 분들은 성사가 안 되는 경우도 많고 힘든 결혼을 피해가기 위해서 운이 비껴가는 일도 있습니다. 또한 손님은 올해 문서가 겁살(劫殺)이라서 매우 조심해야 하는데 결혼도 혼인신고를 하니 문서라고 봐야 합니다. 문서운이 좋지 못할 때는 안 좋은 일이 일어나는 법이라 더욱 어려운 것입니다."

이 말을 듣고 다시 여성분이 물었다.

"그럼 이 남자와는 인연이 아닌 것 같은데 다른 인연은 언제쯤 오나요?"

그래서 답을 해줬다.

"6년 뒤에나 옵니다. 하지만 문제 될 거 없습니다. 인연이 없어야 문제지 조금 늦다고 문제는 아니잖아요. 그리고 6년 뒤라고 해도 그렇게 늦은 것은 아닙니다. 마흔이 넘어서도 결혼 못해 자기 짝이 언제쯤 나타나냐고 물어보러 오는 사람도 제법 많아요."

여성분은 이 말을 듣고도 위안이 안 됐는지 얼굴이 시무룩해져 좋지 않았다. 나는 계속 말을 이어 나갔다.

"나이 때문에 여자분들은 서두르는 분들이 많은데 인연도 아닌데 무리해서 결혼했다가 되돌아오는 경우도 허다합니다. 그러니 마음을 비우시고 더 좋은 인연이 오는 날을 기다리면서 준비하세요."

그제야 알겠다며 고맙다고 말하고 나가는데 여성분의 뒷모습이 힘이 빠져 있어 마음이 아팠다.

(9)

外卦	財	戌土	--	靑	4	雷	雷	乙	震
								未	木
	官	申金	--	玄 (應) (身)		風	水	年	宮
						恒	解		二世
	孫	午火	一	白				丙	三爻動
								戌	
								月	
					6				
(上卦)								丙	
								寅	
								日	

3

內卦

孫 午火 -- 蛇
財 辰土 一 句 (世) (命)
兄 寅木 -- 朱　　　(伏神 子水)

(下卦)　　　　　　用神五行 子水 父
　　　　　　　　卦神 丑土

(9)

외괘 (外卦)	재 (財)	술토 (戌土)	--	청룡 (靑龍)		4	뢰 (雷)	뢰 (雷)	을미년 (乙未年) 병술월 (丙戌月)	진 (震) 목 (木)
	관 (官)	신금 (申金)	--	현무 (玄武)	응 신 (應) (身)		풍 (風) 항 (恒)	수 (水) 해 (解)	병인일 (丙寅日)	궁 (宮)
	손 (孫)	오화 (午火)	—	백호 (白虎)					이세 (二世) 삼효동 (三爻動)	

6

상괘
(上卦)

3

내괘
(內卦)

	손 (孫)	오화 (午火)	--	등사 (螣蛇)	
	재 (財)	진토 (辰土)	—	구진 세 명 (句陳) (世) (命)	
	형 (兄)	인목 (寅木)	--	주작 (朱雀)	복신자수 (伏神 子水)

하괘
(下卦)

용신오행(用神五行) 자수(子水) 부(父)

괘신(卦神) 축토(丑土)

▍통변(通辯) (9)

지인의 소개로 왔다면서 50대 중후반의 부부가 내방을 하였다. 자리에 앉으시라고 하고 뽕잎 차를 대접하는데 여자분이 웃으시길래 왜 웃으시냐고 물었더니 보통 철학원 하면 나이 많은 할아버지가 있을 것으로 생각한다면서 본인도 그렇게 생각을 하고 왔는데 젊고 영화배우 같은 분이 계셔서 그래서 웃었다고 했다. 일단 기분은 매우 좋았다. 칭찬은 고래도 춤춘다고 하지 않은가.

나도 사람인지라 기분이 좋으니 좀 더 잘 봐주고 싶었는데 2015년도 상반기는 뢰수해(雷水解)가 나와서 기운(氣運)이 괜찮았으나 후반기로 가면 갈수록 뢰풍항(雷風恒)이 나와 좋지 못하고 많이 힘들어지는 운(運)이었다. 그래서 무엇이 문제인지 보다 자세하게 보기 위해 용신(用神)을 찾고 괘신(卦神)도 찾아보았다.

용신이 자수(子水)다. 산송역수(山松易數)에서 용신은 오행(五行) 중에 없는 것을 말하는데 현재 없는 것이 물(水)이다. 본인 궁인 진목궁(震木宮)이 나무(木)인데 나무는 물(水)이 없으면 잘 자랄 수가 없다. 게다가 돈벌이인 손(孫)이 백호(白虎)이고 등사(螣蛇)라서 이 두 분은 현재 돈벌이가 너무 안 되고 있던가 아니면 자손(子孫)이 뭔가 좋지 못할 것이다. 또한 백호도 등사도 모두 오화(午火)인 불(火)에 뛰어들어가고 있는 형상이라서 이처럼 안 좋을 수도 없다.

또한 직업궁에 관(官)이 현무(玄武)이니 일하는 사람이나 장사하는 사람은 잘 안 될 것이고 거기에 응(應)이 위치하고 있어 동업을 하고 있거나 하려고 하는 사람은 사기당할 확률이 대단히 높다. 그리고 앞에 말한 용신이 문서 또는 소식인데 이 부부는 어떤 소식을 기다리고 있는 것이 틀림없었다. 그래서 괘(卦)에 나온 것을 이야기했더니 부부가 하는 말이 생년월일도 안 넣고 모든 것을 다 맞추신다고 하기에 반신반의(半信半疑)하고 왔는데 참으로 신기하다는 것이다.

"어떻게 알아맞히셨나요? 관상을 보신 건가요?"

그래서 답을 해줬다.

"관상을 안 보는 것은 아니지만 저는 산송역수(山松易數)라는 것을 보고 풀이를 합니다. 산송역수는 그 사람의 최근 근황을 자세하게 맞추는데 탁월하지요. 생년월일은 필요가 없습니다."

말이 끝나자마자 부부는 이야기보따리를 풀어 놓기 시작했다.

"실은 식당을 인수해서 하고 있는데 잘 되는 식당이라고 해서 비싸게 인수받았는데 글쎄 손님이 하나도 없어요."

그래서 내가 말했다.

"아니 신중하게 잘 보시고 하셨어야죠."

"그러게요. 그때는 눈에 뭔가 씌었나 봅니다. 있는 돈 없는 돈 다 털어서 개업했는데 6개월이 지나도 매일 한두 테이블이 고작이에요."

그래서 물었다.

"식당에서 어떤 음식을 팔고 계시나요?"

"돼지갈비와 국밥을 팔고 있습니다."

손(孫)이 오화(午火)라서 불로 굽는 것을 할 것이라고 생각은 하고 있었는데 정확히 맞았다. 그러나 종류가 이 식당과 맞지 않는다. 고기를 굽는 것은 맞는데 돼지가 아닌 소고기를 해야 하며 이왕이면 화력이 좋은 숯불로 해야 장사가 더 잘된다.

그럼 왜 소(牛)일까. 괘(卦)를 뽑았을 때 뢰수해(雷水解)가 나왔다 뢰수해의 해(解)를 잘 살펴보면 그 답을 알 수가 있다. 해(解)라는 글자는 왼쪽의 변(邊)과 오른쪽에 있는 방(旁)이 하나가 되어 합쳐진 글자다. 그럼 왼쪽의 변을 보자 왼쪽의 변은 뿔 각(角)자 이고 오른쪽의 방은 위에는 칼 도(刀)자와 아래에 소 우(牛)다. 칼로 뿔 달린 소를 해체하니 이를 풀릴 해(解)라고 하는 것이다. 돼지는 뿔이 없다. 돼지를 백날 팔아봐야 잘 풀리지 않는다.

이 식당은 소고기를 팔아야 앞으로 장사가 잘 된다고 이야기를 해 줬더니 두 부부(夫婦)는 많이 놀라며 그럼 소고기로 바꿔야 하겠다고 말했고 그러면서 남자분이 하는 말이 현재 지인(知人)이 중국에서 사업을 하는데 자꾸 동업하자고 해서 고민이라며 또 다른 문제를 떨어 놓았다.

그래서 나는 다시 물었다.

"뭐가 고민입니까?"

그러자 남자분이 답했다.

"사기를 치는 듯한 느낌이 들어서요."

그래서 다시 말을 해 줬다.

"제가 앞에서도 이야기했지요. 직업궁에 현무가 있어서 상대로 하여금 사기를 당할 운이 들어 있다고 하지 않았습니까? 절대로 하시면 안 됩니다."

듣고 있던 남자분이 물었다.

"그렇지 않아도 이상해서 할 생각을 접었습니다. 그리고 현재 장사가 너무 안돼서 제가 따로 일하려고 이력서를 제출해 놓고 기다리고 있는데 되겠습니까?"

아니나 다를까 역시 용신이 문서이고 소식이니 기다리는 소식이 있었던 것이고 복신(伏神)이라서 삼효(三爻)의 비신(飛神)인 오화(午火)와 충(沖)이 오기 때문에 투출이 되어 소식이 오기는 하지만 뢰풍항이라 결코 좋은 소식이 아니다. 그래서 이야기를 했다. 이번에는 안 된다고 그러자 표정이 좋지 못했다. 그리고 잠시 뭔가를 생각하던 남자분이 그럼 한 가지만 더 물어보고 싶다며 지금 식당에서 부인을 돕고 있지만 실은 중국에서 중의대를 졸업하고 오랫동안 한의원을 하다가 그만 사기를 당해 어쩔 수 없이 정리하고 한국에 왔다고 하며 물었다.

"아직도 미련을 못 버리고 있는데 다시 해도 되겠습니까?"

말을 듣고 있던 나는 다시 진지하게 이야기를 했다.

"직업궁(職業宮)에 관(官)이 신금(申金)이라 쇠붙이요, 칼입니다. 침도 쇠 아닙니까? 또한 외괘(外卦)에 있고 신이 역마(驛馬)라서 부부가 멀리 떨어져 생활하는 것이 맞습니다."

말을 듣던 남자분은 어쩐지 자꾸 나가고 싶었다고 말을 하길래 정확히 알려줬다.

"하지만 올해는 아닙니다. 올해가 을미년(乙未年)이죠. 신(申)이니까 내년이 병신년 즉 신년(申年)입니다. 내년 4월 이후로 나가셔야 합니다."

그러자 남자분이 그렇지 않아도 올해는 준비할 것도 많고 돈도 필요하고 해서 어차피 못 가지만 감사하다고 몇 번이나 말하며 어떻게 해야 할지 정말 답답했는데 이제 확신이 섰다고 말했다. 그러시면서 머리를 여러 번 숙이고 인사를 하며 돌아갔다.

그리고 5개월 정도 후에 우연히 이 부부가 하는 식당 옆을 지나가다 간판을 보니 숯불 고기로 간판을 바꾸고 장사를 하고 있었고 제법 장사가 되는 것처럼 보였다. 이렇게 많은 사람에게 문제를 해결해 주고 도움을 주니 나 자신도 보람을 느끼고 산송역수를 보다 더 많은 사람에게 전파해야겠다는 생각이 저절로 들었다.

(10)

外卦　　兄　卯木　—　靑 (應)　　5　　山　　風　　乙　　巽
　　　　　　　　　　　　　　　　　　　　　　　　　未　　木
父 子水　孫　巳火　—　玄 (身)　　　　雷　　雷　　年　　宮
　　　　　　　　　　　　　　　　　　　頤　　益　　　　　三世
　　　　　財　未土　--　白

　　　　　　　　　　　　　　　　　　　　　　　　　丙　　五爻動
　　　　　　　　　　　　　　　　　　　　　　　　　戌
　　　　　　　　　　　　　　　　　4　　　　　　　月

(上卦)　　　　　　　　　　　　　　　　　　　　　丁
　　　　　　　　　　　　　　　　　　　　　　　　　卯
　　　　　　　　　　　　　　　　　　　　　　　　　日

　　　　　　　　　　　　　　　　　5

內卦

　　　　　財　辰土　--　蛇 (世)　　(伏神 酉金)
　　　　　兄　寅木　--　句 (命)
　　　　　父　子水　—　朱

(下卦)　　　　　　　　　　　用神五行　酉金 官
　　　　　　　　　　　　　　卦神 申金

(10)

외괘 (外卦)	형 (兄)	묘목 (卯木)	—	청룡 (靑龍)	응 (應)	5	산 (山)	풍 (風)	을미년 (乙未年)	손 (巽)
							뢰 (雷)	뢰 (雷)	병술월 (丙戌月)	목 (木)
	손 (孫)	사화 (巳火)	—	현무 (玄武)	신 (身)		이 (頤)	익 (益)	정묘일 (丁卯日)	궁 (宮)
	재 (財)	미토 (未土)	--	백호 (白虎)						삼세 (三世)
										오효동 (五爻動)

4

상괘
(上卦)

5

내괘
(內卦)

	재 (財)	진토 (辰土)	--	등사 (螣蛇)	세 (世)	복신유금 (伏神酉金)
	형 (兄)	인목 (寅木)	--	구진 (句陳)	명 (命)	
	부 (父)	자수 (子水)	—	주작 (朱雀)		

하괘
(下卦)

용신오행(用神五行) 유금(酉金) 관(官)

괘신(卦神) 신금(申金)

| 통변(通辯) (10)

60대 초반의 여성분이 방문하셨는데 이 분은 자주 오시는 분이다. 불과 얼마 전에 왔다 가셨는데 무슨 일로 또 오셨나 싶어 괘(卦)를 뽑았다.

풍뢰익(風雷益)에 산뢰이(山雷頤)가 나왔고 용신(用神)은 관(官)이었다. 여자에게 관(官)은 직업(職業)도 되고 남자도 된다. 분명 이와 같은 일로 문제가 있어서 왔을 것이라서 괘(卦)를 풀어서 자세히 들여다봤더니 문서(文書)에 자묘형(子卯刑)으로 인해 직업궁(職業宮)에 손(孫) 즉 자손이나 본인이 직장에서 큰 곤란이 처해 있었다. 또한 동(動)해서 회두극(回頭剋)이 되니 아주 큰 일이 아닐 수 없어서 직장을 옮겨야만 하는 형상이었다.

그래서 괘신(卦神)을 찾아보았는데 괘신이 신금(申金)이다. 결국은 불과 한두 달 전 일이다. 그래서 사모님에게 위의 내용을 이야기했더니 하시는 말씀이 맞습니다. 두 달 전에 아들이 회사에서 사고를 쳤고 문서를 조작해서 2억 원 정도 부당이익을 취했는데 이로 인해 문제가 생겨서 수습하고 회사를 나와야 하는 상황이라며 깊은 한숨을 쉬면서 고개를 떨구셨다.

즉 사모님이 궁금한 것은 해결이 되겠냐는 것이었다. 결론부터 이야기하자면 해결은 된다. 풍뢰익은 아주 좋은 길괘(吉卦)다. 무난하게 해결은 되지만 기운(氣運)이 산뢰로 갔으니 너무 앞에 나서지 말고 뒤에서 조용히 일 처리를 해야 할 것이며 절대 말조심을 해야 한다고 일러줬다. 그러자 그렇지 않아도 현재 돈을 주위 사람에게 빌려서 해결을 하려고 조용히 진행 중인데 워낙 액수가 크다 보니까 쉽지가 않다고 하셨다.

물론 억대가 넘는 돈을 해결하는 것이 그리 쉬운 일은 아니다. 그러나 상효(上爻)에 주변인인 형(兄)이 일진일대라서 기운이 아주 강(强)한 데다가 청룡(靑龍)에 묘목(卯木)이며 하늘에 있어 상당히 좋기 때문에 생각보다 빨리 주변인의 도움으로 문제가 해결되는 형상이었다.

하지만 주변인에게 도움을 받아 해결한다고 해도 아들은 값을 능력도 없고 결국 이 사모님이 모든 것을 떠안고 가지 않으면 안 됐다. 왜냐면 손(孫)인 아들이 현무(玄武)에 사화(巳火)라서 좋지 못했으며 재운(財運)도 백호라서 돈을 갚는 것은 어렵다.

따라서 이 사모님이 모든 문제를 해결해야 했으며 본인인 세(世)가 삼효에 위치하고 있는데 삼효의 비신(飛神)인 진토(辰土)의 재(財)가 월건(月建)과 충(沖)이 와서 사모님의 주머니에서 돈이 나가야 한다. 또한 일진(日辰)인 정묘(丁卯)하고도 묘진(卯辰) 해(害)가 와 있으니 틀림없었다.

사모님은 모든 이야기를 다 듣고 잘 알겠다며 그래도 해결이 된다고 하니까 다행이라고 웃으면서 사무실을 나갔다. 그리고 한 달 후 또 찾아오셨는데 주변인에게 본인의 아파트를 헐값에 내놓았기 때문에 금방 나갈 것이라며 팔리면 바로 주겠다고 하고 돈을 빌려서 해결을 다 했다는 것이다. 그러나 문제는 아파트가 팔리지 않아서 입장이 난처하다며 시무룩한 얼굴로 내 눈만 불쌍하게 보길래 많이 안타까웠다.

그러면서 한 마디 더 덧붙이시는데 아파트가 안 팔려서 유명한 스님을 찾아가 백만 원이나 하는 고가의 부적도 사서 현관문에 붙였고 스님이 기도하면 금방 팔린다고 해서 삼십만 원의 기도비도 별도로 드렸는데 스님이 팔린다고 말씀한 날이 훨씬 지나 애가 타서 왔다는 것이었다.

정말로 웃지 못할 일이다. 이렇게 물에 빠진 사람의 심리를 이용하여 부당이득을 취하는 역술인과 종교인들 때문에 실의(失意)에 빠진 사람들이 더욱더 큰마음의 상처를 받는 것이다. 그래서 종이는 그냥 종이에 불과하다는 것을 분명히 말씀드리고 아파트가 언제 팔릴지를 보았는데 빠르면 한 달 안에도 팔리는 운이 있었다.

사모님에게 한 달 안에도 팔리니 걱정 말라고 이야기를 하고 다만 집에 있는 모든 짐이고 뭐고 다 빼고 싹 비워 놓고 보러오는 사람을 맞이하라고 일러주었다.

그리고 정확히 삼 일 후에 아파트가 팔렸다고 소식이 왔다. 산송역수는 이렇게 정확히 모든 것을 짚어주었고 이로 인해 힘들고 어려운 문제가 있는 사람들에게 도움을 줄 수 있어 항상 크나큰 보람을 느끼며 살아갈 수 있어 너무나 기쁘다.

(11)

外卦	財	未土	--	句(身) 2		水	澤	丙	震
						風	申		木
	官	酉金	―	朱		風	大	年	宮
									四世
	父	亥水	―	靑(世) (伏神 午火)	井	過		
							己	四爻動
							丑	
			5				月	
(上卦)								
							己	
							丑	
							日	

4

內卦

	官	酉金	―	玄(命)
	父	亥水	―	白 (伏神 寅木)
	財	丑土	--	蛇(應)

(下卦)　　　　　　用神五行 寅木 兄, 午火 孫
　　　　　　　　卦神 卯木

(11)

외괘 (外卦)	재 (財)	미토 (未土)	--	구진 (句陳)	신 (身)	2	수 (水)	택 (澤)	병신년 (丙申年)	진 (震)
							풍 (風)		기축월 (己丑月)	목 (木)
	관 (官)	유금 (酉金)	—	주작 (朱雀)			풍 (風)	대 (大)	기축일 (己丑日)	궁 (宮)
							정 (井)	과 (過)		사세 (四世)
	부 (父)	해수 (亥水)	—	청룡 (靑龍)	세 (世)	복신오화 (伏神午火)				

사효동
(四爻動)

5

상괘
(上卦)

4

내괘
(內卦)

	관 (官)	유금 (酉金)	—	현무 (玄武)	명 (命)	
	부 (父)	해수 (亥水)	—	백호 (白虎)		복신 인목 (伏神 寅木)
	재 (財)	축토 (丑土)	--	등사 (螣蛇)	응 (應)	

하괘
(下卦)   용신오행(用神五行) 인목(寅木)형(兄), 오화(午火) 손(孫)

괘신(卦神) 묘목(卯木)

통변(通辯) (11)

40대 초반의 여성이 내방을 하였다. 본인이 운영하는 철학원은 소개가 90% 이상이고 우연히 간판을 보고 들어오는 손님은 많지 않다. 많은 사람의 운명을 감정하다 보니 이제는 들어오는 사람의 기운(氣運)을 느낄 수 있고 관상만 봐도 대략 무슨 일인지 알 수 있다. 물론 그냥 신년(新年) 운수를 보러 오는 사람도 있지만 여기는 문제가 있거나 절실한 사람들이 많이 온다. 즉 행복한 사람은 오지 않는다. 대체로 아프고 슬프고 어려움에 처해 있는 사람들이 오기 때문에 몸에 좋은 기운을 느끼기는 힘들다. 이 여성분도 많이 지쳐 보였는데 현재 하는 일이 맞지 않거나 아니면 돈으로 인해서 스트레스가 많은 것으로 보였다.

여성분은 가만히 앉아서 뽕잎 차만 후루룩 마시고 있어서 나도 빠르게 괘(卦)를 뽑았다. 괘(卦)는 택풍대과(澤風大過)와 수풍정(水風井)이 나왔는데 택풍대과는 뭔가 많이 지나쳤다는 뜻이고 수풍정은 나쁜 괘는 아니지만 자칫 내 것을 남에게 빼앗기는 형세를 의미하는 괘(卦)다.

그래서 용신(用神)을 찾아보았다. 용신은 형(兄)과 손(孫)이었다. 그렇다면 주변인과의 돈벌이 문제 또는 돈을 버는 곳은 직장이니까 직장에서의 뭔가 문제가 있어서 왔을 수도 있고 손(孫)은 자손으로 해석하기도 하기 때문에 집안의 애들 문제 때문에 온 것일 수도 있는데 정확히 꿰뚫어 맞춰야 하는 내 입장에서는 여러 가지가 아닌 한 가지를 딱 부러지도록 말해야 했다. 그래서 괘(卦) 좀 더 들여다봤더니 변효(變爻)를 포함해 육친에 관(官)이 3개나 나와 있었다. 관(官)이라 함은 남녀 공히 직업으로 봐야 할 것이니 자손 문제가 아닌 직업문제로 온 것이 틀림이 없다.

그래서 여성분에게 물었다.

"직장 문제로 오셨습니까?"

"네. 실은 네일아트샵에서 일하고 있는데 너무 힘들고 맞지 않아서요. 저는 열심히 한다고 하는데도 손님들과 마찰도 있고 제가 서툴러서 그런지 계속 그만두고 싶은 마음이 들어요. 그런데 마침 지인(知人)이 자기가 하는 미용실 안에 네일 코너를 마련해줄 테니까 남의 밑에 있지 말고 직접 해보라고 해서 고민입니다."

역시 이 여성분은 직장 문제로 온 것이었다. 그래서 또다시 물었다.

"일이 맞지 않아서 힘들다고 하셨는데 다른 곳에 가서 하셔도 같은 일을 하시는데 힘들지 않겠습니까?"

여성분의 말이 이어졌다.

"남의 밑에서 눈치 보면서 일을 하니까 힘든 것은 아닌가 싶어서요. 제가 직접 하면 또 다르지 않을까 생각도 되고 여러 가지로 좀 생각이 많아서 왔어요. 또 어떻게 하는 것이 좋은 건지 저에게 네일아트 일이 맞기는 맞는 것인지 궁금해서요."

여성분의 말을 종합적으로 듣고 괘(卦)의 전반적인 것을 보았다. 우선 직장문제이니 오효(五爻)를 봐야 맞는 것인데 아니나 다를까 직업궁에 관(官)이 위치해 있었다. 그러나 주작(朱雀)에 유금(酉金)이다. 이는 즉 새가 시퍼런 칼날 위에 있는 것이니 좋을 리 없다.

또한 이 괘(卦)에서 여성분의 궁(宮)이 진목궁(震木宮)이다. 목(木)은 나무를 뜻하는 것이고 유금(酉金)인 칼이 금극목(金剋木)해서 쳐버리니 힘들고 괴로운 것은 당연하다. 또한 외괘(外卦), 내괘(內卦) 모두 재(財)가 고(庫)에 갇혀 있어 돈 나갈 일은 없었는데 월건(月建)에서 충(沖)을 해서 투출되니 돈 나갈 일이 많아지는 형상이다.

무슨 말인가 하면 남에 밑에서 일하다가 나오면 나이도 많은데 쉽사리 일자리를 구하기 어려울 것이고 그렇게 되면 당장 있는 돈으로 생활하다 보면 가계가 힘들어 질 것이며 직접 네일아트샵을 차린다 하더라도 새 단장을 하고 오픈해야 하니 돈이 들어갈 것 아닌가.

처음 괘(卦)를 뽑았을 때 택풍대과가 나왔다. 이 뜻은 많이 지나치다는 뜻인데 즉 무리하면 좋지 못하다고 예지하는 괘(卦)다. 결국 모든 것이 다 들어맞고 있는 것이었다. 그리고 미용실 안에 네일 코너를 만들어 주겠다는 사람을 살펴보았다. 응(應)에 등사(螣蛇)가 위치하고 있으니 뱀의 혀를 가진 자(者)로서 한 입 가지고 두말하는 사람이다. 이유인즉 뱀의 혀를 보면 하나로 가다가 둘로 나뉘어 있기 때문이다. 그러니 네일 코너가 잘 되면 이런저런 이유로 빼앗고도 남을 사람이다.

택풍대과의 다음 괘(卦)가 뭐였나 생각해 보자. 바로 수풍정이다. 수풍정은 앞에서도 말했지만 남에게 빼앗길 위험이 있는 괘(卦)이기 때문에 이 여성분은 여러모로 난감한 상황에 처해 있는 것이었다.

이러한 모든 이야기를 했더니 지금 자신이 생각하고 있는 것과 너무 똑같다면서 그럼 어떻게 하면 좋겠냐고 묻는 것이었다. 네일 아트 일 자체가 맞지 않으니 남의 밑에 있으나 직접 운영하는 것이나 둘 다 어려운 일이기는 마찬가지며 다른 일을 찾아볼 것을 조언했다. 왜냐하면 물고기가 뭍으로 나와서 아무리 팔딱거려도 힘만 빠질 뿐 결국에는 죽고말기 때문이다.

이와 마찬가지로 맞지 않은 곳에서 아무리 견디어 보려고 노력을 해도 몸만 힘들어지고 마음의 상처만 더욱 받게 될 뿐이다. 네일 일을 안 하면 큰일이 나는 것도 아니고 계속해서 견디며 있을 필요는 전혀 없다.

이 말을 듣고 있던 여성분은 뭔가 신중하게 생각을 하더니 정말 여기 오기를 잘했다면서 결심이 선 것 같은 표정으로 알겠습니다.

"네일 일을 그만두겠습니다. 직장이 바로 구해질지 어떨지는 모르겠지만 현재 일하고 있는 곳에서 하루빨리 나오고 싶어요. 또 솔직히 가진 돈도 없는데 대출받아서 오픈한다는 것도 너무 무모한 짓인 것 같네요. 아무튼 감사합니다. 나중에 무슨 일이 생기면 또 찾아뵙겠습니다."

여성분이 인사하며 사무실을 급하게 나갔다.

산송역수와 생활풍수

(12)

外卦								
父	寅木	—	玄	7	山	山	丙	離
							申	火
官	子水	--	白(身)		風	水	年	宮
								四世
					蠱	蒙		
孫	戌土	--	蛇(世)	(伏神 酉金)				

三爻動

己
丑
月

6

乙
酉
日

(上卦)

3

內卦

兄	午火	--	句	
孫	辰土	—	朱 (命)	
父	寅木	--	靑 (應)	

(下卦)

用神五行 酉金 財
卦神 酉金

(12)

외괘
(外卦)

부 (父)	인목 (寅木)	--	현무 (玄武)	7	산 (山)	산 (山)	병신년 (丙申年)	이 (離)
							기축월 (己丑月)	화 (火)
관 (官)	자수 (子水)	-	백호 (白虎)	신 (身)	풍 (風)	수 (水)	을유일 (乙酉日)	궁 (宮)
					고 (蠱)	몽 (蒙)		
손 (孫)	술토 (戌土)	-	등사 (螣蛇)	세 (世)	복신유금 (伏神酉金)		사세 (四世)	
							삼효동 (三爻動)	

6

상괘
(上卦)

3

내괘
(內卦)

형 (兄)	오화 (午火)	--	구진 (句陳)	
손 (孫)	진토 (辰土)	-	주작 (朱雀)	명 (命)
부 (父)	인목 (寅木)	--	청룡 (靑龍)	응 (應)

하괘
(下卦)

용신오행(用神五行) 유금(酉金) 재(財)

괘신(卦神) 유금(酉金)

산송역수와 생활풍수

통변(通辯) (12)

40대 후반의 여성분이 내방했다. 어떻게 알고 오셨냐고 물었더니 워낙 소문이 많이 나 있어서 전에부터 알고 있었고 손님도 몇 사람 보내줬다고 했다. 이 말을 들으니 참으로 고마운 손님이라 그런지 무슨 일로 오셨나 궁금해서 빠르게 괘(卦)를 뽑았다. 산수몽(山水蒙)과 산풍고(山風蠱)가 나왔는데 산수몽의 몽(蒙)은 어리다는 뜻을 가지고 있다. 아직 미숙한 상태라는 것이고 산풍고의 고(蠱)는 벌레 먹을 '고'이다 즉 벌레가 먹는다는 것은 썩어 간다는 이야기이니 이 얼마나 좋지 못한가. 다시 말하자면 아직 미숙한 상태라서 뭔가 제대로 되고 있지 않음을 뜻하며 그 것이 사업이든 대인관계든 무엇이든 간에 좋지 못한 상태였다.

그래서 용신(用神)을 찾아보았는데 재(財)가 나왔다. 즉 요점을 간추려 보면 아직 미숙한 점 때문에 문제가 발생이 되고 있고 그로 인해 돈이 안 되는 것이다.

직업궁을 살펴보니 관(官)이 위치하고 있었고 백호(白虎)에 자수(子水)였다. 호랑이가 물속에 빠졌으니 좋지 못한 것은 당연한 것인데 다행히도 월건(月建)에서 직업궁의 비신(飛神)과 자축(子丑) 합(合)이 들어 있어서 그나마 견디고 있었던 것이었다.

그럼 무엇 때문에 또 뭐가 미숙해서 돈이 안 되고 어려운 지경에 있는지 살펴보았다. 외괘(外卦)와 내괘(內卦)에 손(孫)이 하나씩 있는데 내괘에 있는 것은 가택궁(家宅宮)에 있으니 분명 자손

(子孫)이 틀림없을 것인데 외괘는 세(世)가 붙어 있는 것을 보니 자손은 아니었다.

외괘(外卦)는 바깥 궁이므로 재(財)가 용신이니까 외괘에 있는 손(孫)은 자손이 아닌 돈벌이 또는 손님 혹은 밑에 있는 사람(부하직원)으로 봐야 맞을 것이다. 그럼 손님으로 본다면 일진(日辰)인 유금(酉金)과 손(孫)인 술토(戌土)와 해(害)가 되므로 손님이 떨어져 해(害)가 될 것이고 부하직원으로 본다면 데리고 있는 부하직원이 사고를 치거나 일이 미숙해서 나에게 해(害)를 끼치는 것이다.

게다가 육수(六獸)가 등사(螣蛇)이니 만약 직원이라면 얼마나 좋지 않은 직원인가 있어서는 안 되는 직원이고 해(害)만 끼치는 직원이니 사장은 괴로울 수밖에 없다. 이러한 이야기를 했더니 여성분이 안 그래도 큰 눈이 둥그렇게 더 커졌다. 그리고는 하나둘씩 상황을 자세하게 이야기하기 시작했다.

현재 네일아트샵을 운영하고 있고 주위에 네다섯 군데 네일아트샵이 있는데도 불구하고 운영이 잘 돼서 직원을 한 명 채용했다고 한다. 그런데 이 직원이 손님과 다투기도 하고 실력도 좋지 못해서 자꾸 손님이 떨어져 적자를 보는 지경까지 와버렸고 좀 더 참고 기다리면 괜찮아질 것인지 아니면 내보내야 되는지 그 때문에 왔다며 정말 답답해 죽겠다고 잘 좀 봐 달라고 처량한 목소리로 말하는 것이었다. 그래서 결론부터 딱 부러지게 말했다.

"정도 들었고 사람을 내보냈다는 것이 쉽지는 않겠지만 내보내지 않으면 앞으로 계속 심하게 악화될 것이며 적자도 면치 못합니다."

그러자 여성분이 기다렸다는 듯이 말했다.

"그렇죠! 저도 마음이 약해서 좀 더 지나면 나아지겠지 하고 참고 있는데 아무리 봐도 아닌 것 같아서요."

그렇다. 괘(卦)를 보면 삼효(三爻)가 동(動)했다. 상효(上爻)가 동했다면 썩거나 곪은 것이 있더라도 터져서 금방 새살이 나오겠지만 삼효가 동했으니 이제 겨우 절반 온 것이다. 앞으로 갈 길이 멀다. 지금도 이렇게 답답하다고 하소연하는데 앞으로 얼마나 힘들겠는가. 하지만 참으로 난감하다.

나의 말 한마디에 한 사람이 실업자가 되는데 어찌 쉽게 이야기할 수 있겠나. 그러나 난 현재 나에게 상담을 받으러 온 손님에게 정확하게 말해줄 필요가 있다. 만약 그 직원이 불쌍해서 적당히 좋게 이야기한다면 나중에 이 내방자가 감당해야 할 손해(損害)와 스트레스는 다 어찌하란 말인가.

모든 이야기를 들은 여성분은 내보내야겠다고 말을 했고 실은 어떻게 해야 하나 계속 고민하고 갈팡질팡했는데 결심을 서게 도움을 주셔서 감사하다며 손님을 많이 보내주겠다고 말하며 돌아갔고 정말 많은 손님을 보내주었으며 지금도 손님을 가장 많이 보내주는 분 중에 한 분이다. 그런데 더 재미있는 일은 4일 전에 내방했던 네일아트 직원으로 일한다는 여성분이 오늘

온 이분 가게의 직원이었다. 결국 용하다는 소문을 듣고 사장과 직원이 며칠 간격으로 방문한 것인데 직원을 내보내라는 말을 듣고 돌아간 네일아트 사장님은 직원에게 말은 못하고 기회만 보고 있던 참인데 어느 날 직원이 당당하게 나가겠다고 하니까 속으로 얼마나 고마웠겠나. 또한 직원도 본인이 쫓겨나는 것이 아니고 스스로 과감하게 나온 것이니 서로 얼굴 붉히지도 않고 깔끔하게 해결이 됐기 때문에 서로 간에 아무 탈 없이 잘 마무리가 되었던 것이다. 나중에 이 사실을 알게 된 나는 참 세상은 묘하고 또 묘하다는 것을 다시 한 번 실감했다.

산송역수와 생활풍수

(13)

外卦	兄	卯木	─	白(世)	5	山	重	丙	巽
	父 子水	孫	巳火	─	蛇		風	巽	申	木
		財	未土	--	句(身)		蠱	風	年	宮

外卦　兄　卯木　─　白(世)　5　　山　重　丙　巽
父 子水　孫　巳火　─　蛇　　　風　巽　申　木
　　財　未土　--　句(身)　　蠱　風　年　宮
　　　　　　　　　　　　　　　　　　　　　上世

　　　　　　　　　　5　　　　　　己　　五爻動
(上卦)　　　　　　　　　　　　丑
　　　　　　　　　　　　　　月

　　　　　　　　　　　　　　壬
　　　　　　　　　　　　　　辰
　　　　　　　　　　　　　　日

　　　　　　　　　　　　5

內卦

官　酉金　─　朱(應)
父　亥水　─　靑
財　丑土　--　玄(命)

(下卦)　　　　　用神五行　丑土　財
　　　　　　　　卦神　巳火

(13)

외괘 (外卦)	형 (兄)	묘목 (卯木)	—	백호 (白虎)	세 (世)	산 (山)	중 (重)	병신년 (丙申年)	손 (巽)
								기축월 (己丑月)	목 (木)
	손 (孫)	사화 (巳火)	—	등사 (螣蛇)	5	풍 (風) 고 (蠱)	손 (巽) 풍 (風)	임진일 (壬辰日)	궁 (宮)
	재 (財)	미토 (未土)	--	구진 (句陳)	신 (身)				상세 (上世)
									오효동 (五爻動)

5

상괘
(上卦)

5

내괘
(內卦)

	관 (官)	유금 (酉金)	—	주작 (朱雀)	응 (應)
	부 (父)	해수 (亥水)	—	청룡 (靑龍)	
	재 (財)	축토 (丑土)	--	현무 (玄武)	명 (命)

하괘
(下卦)

용신오행(用神五行) 축토(丑土) 재(財)

괘신(卦神) 사화(巳火)

산송역수와 생활풍수

통변(通辯) (13)

　30대 중반의 여성분이 살며시 들어 왔다. 자기는 교회에 다니기 때문에 점을 본 적이 없다며 감정료가 얼마냐고 물었다. 감정료를 이야기하자 놀라며 너무 비싸다고 싸게 해 주면 안 되냐고 애교를 피웠지만 절대 그럴 수는 없었다. 왜냐면 감정료는 역술인에게 자존심이기 때문이다. 정·재계 인사에게 한번 감정하고 수백만 원 받는 분들이 있는가 하면 여름에 덕수궁이나 아니면 대학가 근처에서 파라솔 펴 놓고 단돈 만 원 받는 분들도 있다. 그럼 왜 이렇게 차이가 날까. 바로 실력 차이다. 세상 모든 것에는 급이 있는 것이다. 미녀도 미스 지역 미녀가 있는가 하면 미스코리아 진선미도 있는 것이고 미스 월드도 있다.

　이처럼 역술인도 마찬가지다. 역술인이라고 다 같은 역술인은 아니다. 본인이 운영하는 철학원도 예약하고 와야 한다. 그렇지 않을 경우에는 몇 시간 기다려야 하는 경우도 많다. 또한 멀리 대전, 청도, 창원, 거제나 심지어는 베트남에서 오신 분도 있는데 그럼 그 차비만 해도 얼마인가 말이다. 이렇게 멀리서 오시는 분들도 단돈 만 원도 깎지 않는데 한 동네 바로 앞에서 와서는 비싸다고 싸게 해 달라고 응석을 부리니 웃음이 나왔다. 하지만 아무리 응석을 부려도 안 되는 것은 안 되는 것이다. 벤츠 자동차매장에 가서 소나타 값에 벤츠 차를 달라고 하면 누가 주겠는가. 절대 주지 않을 것이다. 그래서 정중하게 더 밑으로 내려가서 골목으로 들어가시면 저렴한 곳이 많이 있으니 거기로 가시라고 했다. 그랬더니 여성분이 웃으면서 아니요, 그냥 볼 테니까 그 대신 잘 좀 봐달라고 말하며 자리에 앉았다. 여느 때와 마찬가지로 뽕잎 차를 대접하고 괘(卦)를 뽑고 용신(用神)을 찾았다.

오행이 다 있고 일진일대가 월건(月建)에서 강하게 재(財) 기운(氣運)으로 가 있으니 돈 문제로 온 것이 분명하고 직업궁이 동(動)했으니 직장 이동 문제가 확실했다. 게다가 괘(卦)가 중손풍(重巽風)이니 강한 기운이라서 틀림없었는데 나중에 나온 괘(卦)가 산풍고(山風蠱)이기 때문에 이동 후에 조금 고전은 할 것으로 보였다. 또한 상괘(上卦), 하괘(下卦)에 있는 재(財)가 흉살(凶殺)이었는데 월건(月建)이 상괘의 재(財)와 축미충(丑未沖)이 와서 밖으로 돈이 많이 나가는 형상이고 하괘(下卦)에 있는 재(財)는 일진(日辰)과 축진파(丑辰破)가 왔으니 집안에서 돈 깨지는 형상이다. 하지만 직업궁에 있는 손(孫)이 천을귀인(天乙貴人)이라 안 좋은 것도 좋게 길(吉) 작용으로 변화시켜 주니 고전은 하더라도 결과는 나쁘지 않다. 하지만 지금 현재 형(兄)인 주변인도 육수(六獸)가 백호(白虎)라서 그다지 도움도 못되고 돈이 필요해서 생각이 많고 걱정도 많은 상태였다. 위의 내용을 말하자 듣고 있던 여성분이 깜짝 놀라며 생년월일도 안 묻고 뭘 보고 알았느냐고, 관상을 본 것이냐고 물었다.

그래서 간략하게 산송역수(山松易數)에 대해 설명을 했더니 그제야 여성분은 이야기를 시작했다.

"실은 현재 남편이 정형외과 의사로 일하고 있어요. 그런데 직장에서 좀 마찰이 있는지 개인병원을 오픈하고 싶다고 하는데 문제는 돈이 없어서 친정에도 부탁해 놓은 상태이지만 힘들 것 같아요."

말하는 내내 여성분의 표정이 좋지 못했다. 그렇다. 앞에서도 이야기했지만 주변의 도움은 없다고 보면 맞고 결국 스스로 해결을 해야 하는데 가택궁(家宅宮)에 청룡(靑龍)에 해수(亥水)이고 육친(六親)이 문서(文書)다. 즉 집을 담보로 대출을 받거나 초효(初爻)는 토지를 의미하는데 변효인 자수(子水)의 문서(文書)와 합(合)이 있으니 그것을 이용해 돈을 빌리는 방법밖에 없다. 이 말을 들은 여성분은 안 그래도 남편이 아파트를 처분하고 전세를 가더라도 병원을 해야겠다고 해서 다툼이 있다며 어떻게 해야 할지 고민이라고 했다.

그렇다. 싸움이 있을 수밖에 없는 상황이다. 괘(卦)를 자세히 보면 세(世)와 응(應)이 서로 극(剋)이 와 있다. 응(應)이자 남편인 관(官)이 세(世)이자 목(木)인 여성분을 극(剋)을 하고 있어서 어떤 결정이 나기 전에는 계속 부딪친다. 게다가 세(世)인 여성분이 백호(白虎)라서 성격이 급하니 안 싸울 수가 없다. 곧이어 여성분이 물었다.

"병원을 할 수 있겠습니까?"

"직장에 이동수가 있으니 개업을 하긴 하지만 처음엔 많이 힘들고 어렵습니다."

이 말에 다시 여성분이 그래도 현재 직장에 다니는 것보다는 더 벌지 않겠냐고 물었다.

"현재 어느 정도 버시나요?"

"네, 연봉 1억 4천 정도는 벌어요."

"그럼 직장생활보다 못할 수도 있겠습니다."

그랬더니 여성분이 안 되는데 그러면서 한숨을 내쉬었다. 그 모습을 보자 순간 얄미운 생각이 들었다. 소위 말하는 의사 남편을 둔 사모님이 처음 들어올 때 감정료를 깎으려고 했던 것 자체도 그렇고 억대 연봉을 받고 있다면 보통사람 같은 경우 웬만하면 참고 일을 할 것이다.

직장에서 힘들지 않은 사람이 어디 있나. 그나마 의사라서 대우도 받고 일하고 있는 것 같은데 그보다 더 적은 월급을 받으면서도 치욕적인 것을 참고 견디며 삶을 살아가는 사람들이 무수히 많다. 이런 이야기를 해 줬더니 들은 척도 안 하고 아들 것도 보고 싶은데 만 원만 깎아주면 안 되냐고 묻길래 어린아이는 보는 것이 아니라고 그냥 돌려보냈다. 있는 사람이 더 하다는 옛말이 맞기 때문에 오늘날까지 내려오는 것이지 싶기도 하고 괜히 이런 말이 있는 것은 아니라는 생각을 다시금 하게 됐다.

산송역수와 생활풍수

(14)

外卦
子 酉金　官　寅木　—　白 (應)　7　地　山　丙　艮
　　　　　　　　　　　　　　　　　申　土
　　　　財　子水　--　蛇 (命)　　澤　澤　年　宮
　　　　　　　　　　　　　　　　臨　損　　　三世
　　　　兄　戌土　--　句

　　　　　　　　　　　　　　　　　　　　　　六爻動

　　　　　　　　　　　　　　　　辛
　　　　　　　　　　　　　　　　卯
(上卦)　　　　　　　　　2　　月

　　　　　　　　　　　　　　　　癸
　　　　　　　　　　　　　　　　未
　　　　　　　　　　　　　　　　日

6

內卦
　　　　兄　丑土　--　朱 (世) (伏神 申金)
　　　　官　卯木　—　靑 (身)
　　　　父　巳火　—　玄

(下卦)　　　　　　　用神五行 申金 孫
　　　　　　　　　　　卦神 申金

(14)

관 (官)	인목 (寅木)	—	백호 (白虎)	응 (應)	지 (地)	산 (山)	병신년 (丙申年)	간 (艮)
				7				토 (土)
재 (財)	자수 (子水)	--	등사 (螣蛇)	명 (命)	택 (澤)	택 (澤)	신묘월 (辛卯月)	궁 (宮)
형 (兄)	술토 (戌土)	--	구진 (句陳)		림 (臨)	손 (損)	계미일 (癸未日)	삼세 (三世)
								육효동 (六爻動)

2

6

형 (兄)	축토 (丑土)	--	주작 (朱雀)	세 (世)	복신 신금 (伏神 申金)
관 (官)	묘목 (卯木)	--	청룡 (青龍)	신 (身)	
부 (父)	사화 (巳火)	—	현무 (玄武)		

용신오행(用神五行) 신금(申金) 손(孫)

괘신(卦神) 신금(申金)

산송역수와 생활풍수

통변(通辯) (14)

50대 초반의 여성분이 내방을 하였다. 처음 들어오시는데 60대 초반 여성분으로 보였으며 얼굴에 윤기가 전혀 없이 검고 생기를 느낄 수가 없을 정도였다. 마치 말기 암 환자 같았다.

뽕잎 차를 드리고 괘(卦)를 뽑았는데 산택손(山澤損)에 지택림(地澤臨)이 나왔고 용신(用神)은 손(孫)이었다. 그런데 일진일대가 신(身)에 강하게 위치하고 있었고 육친이 관(官)이었다. 관(官)은 남녀 공히 직업(職業)으로 해석하지만 병(病)으로 보기도 한다. 따라서 이분은 현재 질병으로 문제가 있어 보였고 관상으로 봐도 질액궁이 어두워 병이 있을 것이고 괘(卦)를 보더라도 내괘(內卦)의 관(官)이 신(身)에 위치하고 있으니 몸에 질병이 숨어 있는 것이 확실했다. 또한 괘(卦)가 산택손(山澤損)이다. 손(損)이라는 것은 뭔가 손해(損害)를 보고 있다는 것이며 그 기운(氣運)이 지택림(地澤臨)으로 가고 있다.

지택림은 계속 앞으로 진행한다는 뜻이다. 그럼 손해가 계속된다는 이야기가 되는데 상괘(上卦)에 있는 재(財)의 육수(六獸)가 등사(螣蛇)라서 좋지 못한 데다가 일진(日辰)과 해(害)가 오기 때문에 돈 나갈 일이 있는 것이고 초효(初爻)에 있는 소식이 현무(玄武)이니 안 좋아도 아주 안 좋은 소식이 올 것이 분명했다. 그래서 여성분에게 물었다.

"괘(卦)를 자세히 살펴보니 현재 사모님의 기운이 좋지 못

하고 또한 몸에 질병이 있는 것으로 나옵니다. 어디 아프신
데 없습니까?"

내 말을 듣던 여성분은 갑자기 눈물을 흘리며 말했다.

"실은 ○○ 병원에서 보름 동안 입원을 하고 있는데 온갖 검사
라는 검사는 다 해도 도무지 병명을 알 수가 없는 겁니다."

나는 순간 심각하다는 것을 느낄 수가 있었다.

"대체 어디가 아프십니까?"

"복통이 심합니다."

"그럼 CT 촬영이나 초음파검사는 하셨나요?"

"네, 검사란 검사는 다 했는데도 아무런 이상이 없다고 하
네요."

이 말을 듣고 생각이 드는 것은 아직 뭔가 질병이 초기 단계이
거나 아니면 작은 병원이라 발견을 못 하는 것은 아닌가 싶었다.
그래서 여성분에게 다시 물었다.

"그럼 병원에서는 어떻게 하자고 하던가요?"

그러자 여성분이 말했다.

"병원에서는 한 달 정도 더 입원해서 뭔가 발견되는지 천천히
찾아보자고 하네요."

이 말을 듣고 나는 다시 동효(動爻)를 살펴보았는데 회두극(回
頭剋)이 돼서 상괘(上卦)의 관(官)이 극(剋)을 받는 상황이었다.
상괘의 관(官)은 응(應)이기 때문에 병원이고 관(官)은 관공서,
혹은 어떤 단체를 의미하기도 하므로 병원으로 봐야만 했는데

그런 병원이 회두극을 받고 있으니 현재 이 병원에 계속 있는 것은 좋지 않았다. 게다가 육수(六獸)가 백호(白虎)라서 크게 피를 보는데 동(動)해서 기운이 강해지고 엎친 데 덮친 격으로 회두극까지 왔기 때문에 아주 위험한 상황이다.

그렇기 때문에 이 조그만 병원에서 시키는 대로 한 달간 기다리다가는 질병은 더욱 악화될 것이며 처음 괘(卦)를 뽑은 풀이대로 손해를 볼 것이고 그 손해가 계속 될 것은 불 보듯 뻔했다. 그래서 여성분에게 진지하고 정확하게 설명을 했다.

"현재 몸 안에 질병이 있는 것으로 보이고 상태가 빠르게 진행되고 있습니다. 지금 병원에서 한 달간 두고 보며 기다리자는 말듣지 마시고 소견서 써 달라고 해서서 하루빨리 큰 병원으로 옮기세요. 하루라도 빠르면 좋습니다."

모든 이야기를 자세하게 설명을 했더니 여성분은 알겠다며 정말 감사하다고 울면서 세 번이나 인사를 하고서는 돌아갔다.

그리고 얼마 후에 30대 초반의 여성분이 찾아와서 운명감정을 했다. 나중에 누구 소개로 왔냐고 물었더니 실은 자기 어머니가 이 철학원에 왔는데 빨리 병원 옮기라고 해서 큰 병원으로 옮기고 검사를 다시 했더니 췌장암 판단이 나와서 식구들이 많이 놀랐다고 하는 것이었다.

그래서 어떻게 됐습니까 하고 물었더니 생각보다 진행이 빠르게 되고 있기는 했지만 수술 시기를 놓친 것은 아니라서 성공적으로 수술을 마쳤고 집에 잘 계신다고 했다. 그 말을 들으니 왠지 모르게 가슴이 뿌듯했고 직접적으로 돕지는 못했지만 간접적으로라도 도움을 주면서 많은 사람에게 좋은 일을 하며 살아간다는 것이 정말로 기분이 좋았다.

특히 나는 어머니가 간암으로 아버지가 대장암으로 두 분이다 암으로 돌아가셔서 질병에는 상당히 민감한 편인데 췌장암 수술이 성공적으로 잘 됐다고 하니 아주 흐뭇했다.

산송역수와 생활풍수

(15)

外卦

	官	卯木 一	蛇 (應) (命)	5	重 風	丙	艮土
						申	土
財 子水	父	巳火 一	句 (伏神 子水)		艮 山	年	宮
					山 漸		三世
	兄	未土 --	朱				

五爻動

7

辛
卯
月

(上卦)

辛
卯
日

5

内卦

孫	申金 一	靑 (世) (身)
父	午火 --	玄
兄	辰土 --	白

(下卦)

用神五行 子水 財
卦神 寅木

(15)

외괘
(外卦)

관 (官)	묘목 (卯木)	―	등사 (螣蛇)	응 (應)	명 (命)	5	중 (重)	풍 (風)	을미년 (乙未年)	간 (艮) 토 (土)
부 (父)	사화 (巳火)	―	구진 (句陳)	복신자수 (伏神子水)			간 (艮) 산 (山)	산 (山) 점 (漸)	신묘월 (辛卯月) 신묘일 (辛卯日)	궁 (宮) 삼세 (三世)
형 (兄)	미토 (未土)	--	주작 (朱雀)							오효동 (五爻動)

7

상괘
(上卦)

5

내괘
(內卦)

손 (孫)	신금 (申金)	―	청룡 (靑龍)	세 (世)	신 (身)
부 (父)	오화 (午火)	--	현무 (玄武)		
형 (兄)	진토 (辰土)	--	백호 (白虎)		

하괘
(下卦)

용신오행(用神五行) 자수(子水) 재(財)

괘신(卦神) 인목(寅木)

산송역수와 생활풍수

통변(通辯) (15)

마지막 열다섯 번째 통변은 본인이 다니는 서예 교실에서 화제가 되었던 이세돌과 알파고의 바둑에 관한 이야기다. 하루는 서예 교실에 갔더니 이세돌과 알파고의 대국 이야기가 한창이었다. 이때 서예 선생님인 구암 이계원 선생님께서 해당 선생 바둑 결과가 어떻게 나올 것 같습니까 라고 묻는 것이다. 참으로 난감했다. 이세돌은 그렇다 해도 알파고는 관상이나 기운(氣運)을 느낄 수 없는 컴퓨터인데 어떻게 그 자리에서 말할 수가 있겠나. 그렇다고 아주 급한 상황이 아니면 그 자리에서 괘(卦)를 뽑아서 풀어보지는 않는다.

왜냐면 역술인도 나름 규칙이 있다. 밖에서는 절대 함부로 말을 하지 않는 것이 도리(道理)다. 예를 들면 복싱선수가 링에서는 성난 사자처럼 거칠게 나오고 세찬 주먹을 날리지만 밖에서 주먹을 쓰지 않는 것과 같다고 하면 대충 비슷할 것이다. 그래서 글쎄요 라고 말하며 그냥 웃고 말았다.

그렇게 사무실로 돌아온 나는 조금 궁금해지기 시작했고 결국 괘(卦)를 뽑았다. 괘(卦)는 풍산점(風山漸)에 중간산(重艮山)이었다. 풍산점은 길괘다. 그리고 단계적으로 아주 작은 발전을 의미하는 괘(卦)이기는 하나 중간산으로 기운(氣運)이 흐르는 형상이라서 아주 좋지 못했다. 중간산이란 위에도 산이고 아래도 산이다. 즉 산 넘어 또 산이니 첩첩산중이라는 뜻이고 아주 힘들고 어려움을 상징한다.

그래서 좀 더 구체적으로 전반적인 것을 들여다보기로 했다. 용신(用神)이 재(財)다. 용신이 재라는 말은 괘(卦) 안에 돈이 없다는 이야기이며 결국은 돈이 안 된다는 말인데 얼마를 받았는지 모르겠지만 돈도 안 되는 이런 게임을 이세돌은 왜 하는지 알 수가 없었다.

또한 오효(五爻)는 바깥궁이고 직업궁이다. 직업궁(職業宮)이 동(動)해서 회두극(回頭剋)이 치고 있으니 아주 좋지 못하며 변효(變爻)가 일진(日辰)인 묘(卯)와 자묘형(子卯刑)이 와 있어 나빠도 보통 나쁜 것이 아니다. 또한 상대인 응(應)을 보면 교활한 등사(螣蛇)이다. 등사는 뱀을 뜻하는 것인데 상대가 컴퓨터이니 이 얼마나 교활하고 영리하겠는가. 게다가 부(父)는 소식과 문서(文書)를 뜻한다. 오효(五爻)의 소식은 회두극이고 이효(二爻)의 소식은 월건(月建)과 일진(日辰)에서 파(破)가 와서 깨지는 운(運)이며 깨지는 소식이다. 거기다 육수(六獸)에 현무(玄武)가 위치에 있으니 최악의 소식이다.

모든 것을 정리해 보면 처음에는 조금 괜찮은 것으로 보이나 갈수록 좋지 못한 결과를 가져오며 즉 대패가 예상되고 이기기는 힘들 것으로 보였다.

산송역수와 생활풍수

풍수지리

풍수(風水)란 글자 그대로 바람과 물이다. 이 바람과 물의 기운이 사람에게 미치는 영향을 조명하여 학문으로써 연구된 것은 4세기경 중국 동진(東晉)의 풍수 대가인 곽박(郭璞)이라는 사람에 의해서 시작되었으며 그의 저서인 장경(葬經)에 보면 "기승풍즉산(氣乘風則散) 계수즉지(界水則止)"라는 말이 나오는데 즉 기(氣)란 바람을 만나면 흩어지고 물을 만나면 머문다고 했다. 풍수 용어의 기원이 여기서 나온 것이라 본다.

요즘은 풍수보다는 풍수지리(風水地理)란 말로 많이 알고 있다. 그러나 실제 풍수에서 풍수지리라고 용어가 바뀐 것이 그리 오래되지는 않았고 정확하게 언제부터라고 말할 수도 없다.

그러면 이러한 풍수가 도대체 언제 한국으로 왔을까? 이 또한 정확한 자료나 근거가 없는 게 현실이다. 하지만 중국의 풍수가 우리나라에 전수된 기록도 근거도 어디에도 찾아볼 수 없으나 통일신라 시대의 도선국사(道善國師)에 의해서 받아들여진 것으로 전해지고 있다.

그럼 옛날 지인(智人)들은 왜 풍수가 사람에게 큰 영향을 준다고 생각을 했으며 실제로 근거는 있는 것인지 궁금하지 않을 수 없는데 하지만 풍수가 사람에게 미치는 영향이 상당히 컸다고 알려졌고 심지어 고려의 태조 왕건은 훈요십조 중에 2항을 통하여 전국의 사원은 도선국사가 순역을 살펴서 개창한 곳 이외에는 그 어떤 곳에서도 세우지 말라고 했으며 조선 시대에는 풍수의 대가인 정도전(鄭道傳)의 전언에 따라 도읍을 개성에서 한양으로 옮기는가 하면 지금의 경복궁과 고궁 그리고 사대문도 전부 풍수에 의해서 건립되었다.

이와 같은 풍수는 예전에 계급사회였던 시기에 글을 아는 선비나 불교계의 고승만이 배울 수 있었던 고급 학문이었고 그 가치는 상당히 크다고 할 수 있으며 이러한 풍수가 맥을 이어 전해져 내려오다 일제 강점기에 쇠퇴하였으나 역으로 일본은 우리의 풍수 사상을 이용하여 길지(吉地)에 철주를 박고 지맥(地脈)을 파괴하므로 우리 민족의 정신적 자포자기와 민족적 말살정책을 폈었다. 만약 일본이 우리의 풍수 사상을 신뢰하지 않았다면 200여 곳에 쇠말뚝을 박지는 않았을 것이다.

풍수의 본고장인 중국은 한때 전통사상을 배척하고 유교에 대한 비판과 서구사상을 적극수용하는 신문화운동 등으로 옛것을 등한시하며 새로운 것을 받아들여지게 되면서 풍수가 사양길을 걸었다.

산송역수와 생활풍수

그러던 중국이 최근 10여 년 다시 중국전통문화의 중요성을 인식하고 전 세계적으로 공자학교(孔子學校)를 세우는 등 중국과 중국어를 알리고 있고 중국의 전통사상을 알리며 다시 풍수를 적극 부활시키는 분위기가 조성되고 있다.

한국도 최근에는 대학과 대학원에서 풍수지리학 강좌가 개설되고 풍수에 대해 심도깊은 연구가 진행 중이며 부동산 관련 학과에서 풍수지리를 응용하여 활용하고 있고 대기업에서도 신축건물이나 부지 혹은 사원기숙사 등을 건축할 때 적극 활용하고 있는 추세다.

이처럼 풍수는 예부터 우리에게 좋은 기운(氣運)으로 큰 역할을 했으며 앞으로도 적극적으로 활용하고 발전시켜 나가야 할 우리 민족의 학문이자 전통문화이다.

| 생활풍수 1

풍수에는 음택(陰宅)과 양택(陽宅)이 있다. 음택은 죽은 사람을 묻음을 말하는 것이며 양택은 산 사람의 집을 의미하는 것이다. 음택 풍수의 경우 소위 말하는 명당의 자리에 죽은 사람을 묻었을 경우 그 자손이 길(吉)하고 대대로 번영한다는 것으로 예전에는 그 묫자리를 정하는 데 있어서 상당히 예민했고 신중하게 결정을 했지만 한국은 삼면이 바다이며 현대 시대에 들어오면서 도시의 발달로 인하여 토장(土葬) 할 곳이 줄어들고 묻을 곳이 마땅치 않으므로 토장 대신 화장(火葬)이 주를 이루고 있는데 현재는 나라에서도 화장을 권유하고 있는 추세라 토장은 점점 사라져 가고 있다.

그러면 정말 명당자리에 토장을 하면 그 자리의 좋은 기운이 후손에게 영향을 미칠 수 있는 것일까? 결론부터 말하면 그 좋은 기운이 그 조상을 모시는 후손에게 돌아갈 수 있다고 본다. 하지만 본인이 보는 관점은 기존의 풍수가들과는 조금 다르다.

단지 좋은 자리에 묻었다고 해서 무작정 후손이 잘된다고 볼 수는 없는데, 다만 그 좋은 명당에 토장을 하고 그 후손이 자주 찾아가서 조상에게 절하며 그 자리에 머물다 가기에 그 좋은 기운(氣運)을 받아가므로 좋은 일이 생기고 그 강하고 좋은 기운으로 만사가 형통할 수 있는 것이지 단지 좋은 곳에 묻었다고 자손이 잘된다고 볼 수는 없다.

그러나 기존의 풍수는 명당자리에 묻기만 하면 자손이 다 잘되고 만사가 형통한다고 이야기하고 있고 심지어 풍수에 의해서 집안이 좌지우지될 수 있다고 말하는 풍수가도 있다.

그럼 예전부터 명당자리에 묻기만 하면 후손이 번창한다는 이야기 중에 내려오는 유명한 설(說)을 하나를 소개할까 한다. 중국 위나라의 여불위라는 사람이 있었다. 이 사람은 자신의 죽음을 예지하고 당대 최고의 풍수가 두 사람을 불러 한 달의 말미를 주어 명당자리를 찾아오라고 시켰고 한 달 후 돌아온 풍수가들이 찾은 자리를 물었다. 그러자 한 명의 풍수가는 명당자리를 발견했는데 그 자리에 나무가 있어 나무를 자르고 밑동만 남겨 놓았다고 말했다.

그리고 또 다른 한 명의 풍수가는 위치를 잊어버리지 않기 위해 빨간색 점을 찍어 표시해 놓고 왔다고 했다. 여불위는 명당을 확인해 보러 갔고 놀랍게도 한 명의 풍수가가 잘라 놓은 나무 밑동에 빨간색 점이 찍혀 있었다. 위나라 여불위는 죽은 후 그 명당자리에 묻혔고 그의 아들이 바로 중국 역사상 최초의 황제인 진시황제다.

이러한 설을 들어보면 명당자리가 중요하다고 느껴지지만 지금 현대에는 예전과 상황이 많이 다르므로 명당을 쉽게 찾아볼 수도 없거니와 산의 맥을 이어주는 곳에 터널이 뚫려 있는가 하면 일제 강점기 때 각 명산에 정기를 끊어 놓는다고 쇠말뚝을 박아 놓아서 이미 정기가 흐려진 상태이다. 게다가 현 시대의 빠른 발전으로 인하여 너무나 많은 자연이 훼손되어 있어서 예전과 같은 명당은 이미 사라진 지 오래다.

심지어는 이름만 대면 다 아는 명산에 중턱까지 도로를 깔아서 관광버스가 올라가고 어떤 산은 정상 바로 밑에까지 케이블카를 연결해 철 심주를 박아 놓았으니 이것이 일제가 박아 놓은 쇠말뚝과 뭐가 다르겠는가. 그러면서 명당을 찾는다는 것은 모래 위에서 바늘을 찾는 것과 같은 이치다. 다시 말해서 음택 풍수는 이제 한낱 옛이야기에 불과하다.

:: 묘(墓)를 이장하지 마라

예전에 한 내방객이 찾아와서 운명상담을 했다. 한참 이야기를 하던 중 그 여자분이 하는 말이 어느 무속인에게 갔더니 조상의 묘(墓) 자리를 잘못 써서 매사에 되는 일이 없고 게다가 남편에게 귀신이 붙어 있으니 묘를 옮긴 후 200만 원짜리 굿을 하라고 했다면서 정말이냐며 불안하고 초조한 얼굴로 물었다. 결론부터 말하자면 다 부질없는 짓이고 소용없는 것이다.

극과 극은 일맥상통하여 좋은 자리가 없으면 나쁜 자리도 없다고 보면 맞는 것이다. 다만 특별히 나쁜 자리는 없지만 혹시 관에 나무의 뿌리가 감아있다던가 혹은 장마철에 물이 많이 스며들어 관이 물에 잠겨 있다던가 하면 좋지는 못하다.

하지만 이것은 후천적인 환경에 의한 것이지 자리를 탓할 문제가 아니다. 그런데도 일부 무속인은 아무 상관 없는 묘를 이장하라고 하고 굿까지 하게 해서 부당이익을 챙기는데 제발 좀 양심적으로 살아갔으면 하는 마음이 간절하다.

이뿐만 아니라 악운(惡運)이 끼었다며 부적을 해서 집 현관이나 혹은 동쪽에 붙이라는 무속인이 상당수 있는데 이 또한 다 엉터리다. 쉽게 말하자면 나쁜 일이 일어나서 마음이 불안하고 초조해 있는 사람들의 심리를 이용하여 손쉽게 돈을 벌려는 나쁜 무속인의 전형적인 방법이다.

솔직히 그깟 종이가 무슨 힘이 있겠는가. 하지만 물에 빠진 사람은 지푸라기라도 잡는다는 말이 있듯이 어렵고 곤란한 상황에 처해 있는 사람은 하게 된다. 심신이 미약하고 힘든 상황에서는 판단력이 흐려지게 되어있다. 이를 잘 아는 무속인은 이를 적극적으로 이용하여 자기네의 좋은 수입원으로 삼고 있는 것이 현 실정이다. 이래서 무속인들이 욕을 먹고 다 미신이라며 순수하게 동양철학을 하는 분들까지 같이 도매금으로 넘어가는 경우가 비일비재한데 정말 안타까운 일이 아닐 수 없다.

이 내방객이 무속인의 말이 정말이냐고 물어봤을 때 나는 한마디 했다.

"굿을 해서 만사가 형통하고 모든 것이 순조롭게 이루어진다면 거기가 어디인가요? 내가 제일 먼저 하겠습니다."

내 말에 내방객은 초조하고 불안한 표정에서 다소 미소가 보였고 안도의 한숨을 쉬었다. 실은 무속인의 말을 듣고 계속해서 잠을 이루지 못해서 급기야는 쓰러져 병원 응급실에까지 갔었다고 한다. 그래서 내방객에게 한마디 했다.

"나와 같은 일을 하는 사람이 국내 20만 명 정도 있습니다. 무속인까지 하면 족히 50만 명은 될 겁니다. 오늘은 저한테 오셨지만 다른데 어디를 가더라도 죽음을 운운하는 곳은 엉터리라고 보면 맞습니다. 물론 어느 시기에 가면 생명이 위태로울 수는

산송역수와 생활풍수

있어요. 하지만 당신 악운이 끼어서 반드시 죽는다고 말을 하면 가짜라고 보면 됩니다. 사람이 죽고 사는 것이 하늘에 달려 있거늘 언제부터 그것이 무속인의 소관이 되었답니까? 또한 그 죽음을 그 무속인이 써준 종이 한 장에 피해 갈 수 있다면 그 사람은 하나님과 동기동창 정도는 되어야 하지 않을까요. 굿도 마찬가지입니다. 만약 굿을 안 해서 남편분이 죽는다면 제가 이 일을 그만 두겠습니다."

내 말에 내방객은 그제야 믿으며 안심을 하고 돌아가는 일도 있었다. 그리고 나중에는 남편도 멀쩡하게 잘 있고 하는 일도 잘 된다면서 고맙다고 인사를 하러 왔고 그분이 여기저기 입 소문을 내줘서 멀리서도 손님이 끊임없이 오고 있어 참으로 고마운 일이 아닐 수 없다.

이제 결론을 짓자면 좋은 명당자리는 있다. 점점 환경과 시대의 변화에 따라서 줄어들고 있지만 말이다. 그리고 딱히 나쁜 자리도 없다. 못자리가 좋지 못해서 집안에 안 좋은 일이 생긴다고 생각이 들면 단연 기분 탓일 것이다. 다시 말하지만 절대 못자리와는 아무 상관이 없다.

│ 생활풍수 3

∷ 양택풍수(陽宅風水)

앞에서 설명한 것과 같이 양택풍수는 사람이 현재 사는 공간
을 말하는 것이다. 풍수 하면 거창하게 들리지만 실은 햇볕이
잘 들어오나 혹은 바람이 잘 들어오나 지대가 낮아서 우기(雨
期)에 물이 쉽게 들어와 물 피해가 예상되지는 않는지 이 모든
것이 풍수다.

그럼 풍수가 왜 중요할까? 결론을 들으면 정말 허무하기 짝이
없다. 왜냐면 누구나 다 아는 이야기이기 때문이고 전혀 대단한
것이 아니기 때문이다.

사람은 물과 바람 즉 공기가 없으면 살 수 없는데 사람뿐만 아
니라 지구 상의 모든 생명체는 다 마찬가지다. 이렇게 물과 공기
의 영향이 크게 작용을 하고 그로 인해서 생존할 수 있느냐 없
느냐 까지 확대 해석이 가능한 것이 바로 물과 공기다.

또한 물과 공기에도 기(氣)가 있다. 왜 흔히 좋은 물만 마셔도
장수한다는 말이 있지 않은가, 바로 이것이 그 기(氣) 또는 기운
(氣運) 때문인데 이 기의 힘은 사람이 생각하는 것 이상으로 강
(强)하다.

이렇게 강한 기를 올바르게 잘 받아야 좋은 현상 즉 도움이

되는 것이고 제대로 받지 못하면 좋지 못한 것이다. 식물이 햇빛을 받지 못하면 시들어 죽는 것과 같은 이치라고 할 수 있다.

:: 좋은 기운을 받기 원한다면 긍정적인 마인드가 필요하다

혹자들은 풍수로 인해서 좋은 기운 받는데 좋은 생각을 해야 받을 수 있다면 그것이 무슨 풍수냐고 따져 묻기도 한다. 하지만 절대적으로 관련이 있다. 예를 들어 풍수지리학적으로 봤을 때 좋지 않은 집을 샀다고 가정을 하자 팔려고 내놔도 팔리지 않고 그렇다고 내 집 놔두고 남의 집에 가서 세 들어 살 수는 없는 노릇 아닌가? 또한 이왕 이렇게 된 것을 자꾸 한탄만 하고 집 탓만 한다면 좋은 일이 생길 리는 만무하다.

그럼 어떻게 하면 흉(凶)을 길(吉)로 바꿀 수 있을까. 일단 항상 긍정적인 생각을 하고 집안 정리부터 시작해야 한다. 여기서 긍정적인 생각이란 늘 좋은 일이 생기고 항상 웃는 일이 생긴다고 마음을 갖는 것이다. 이것이 바로 끌어당김에 법칙으로 좋은 운이 내게로 오게끔 나 스스로에게 주문을 거는 동시에 내 생각과 마음먹은 대로 이루어질 수 있는 것이다.

물론 간절히 바라고 원할 때 이루어진다. 그 다음에는 집안을 항상 깨끗하고 청결하게 유지해야 좋은 기운이 들어오는 것이고 오래되고 쓸모없는 것 또는 괜히 자리만 차지하고 있는 것은 과감하게 버려야 한다.

왜냐면 좋은 기운이 들어와도 머물 자리가 없으면 그냥 가 버리고 말기 때문이다. 또한 버려야 새것이 들어오는 것이며 컵에 물이 가득 차 있으면 더 이상 물을 채울 수 없는 이치와 같다.

그리고 한 가지 주의할 것은 통풍을 한다고 사방팔방 문을 죄다 열어 놓는 것은 하지 말아야 할 것 중에 하나다. 그 이유는 기가 들어 왔다가 머물지 못하고 여러 길로 나가버리기 때문에 통풍도 좋지만 기가 머물게 하려면 문이나 창문을 여기저기 열어 놓는 것은 피해야 한다.

:: 좋은 기운을 받고 싶으면 현관에 신발을 두지 마라

어떤 집에 가보면 현관에 신발이 작게는 다섯 켤레, 많게는 열 켤레 이상 즐비하게 놓여 있는 곳이 있는데 현관이 이렇게 지저분하면 절대 좋은 기운이 들어 올 수 없다.

또한 입구에 뭔가 물건을 쌓아 놓는다던가 혹은 통로를 막는 일도 없어야 하며 출근 전에 현관 앞에서 옷맵시를 본다고 거울을 세워 놓은 집도 흔히 볼 수 있지만 이것은 거울이 반사작용을 해서 그대로 기운이 나가버리니 반드시 피해야 할 것이다. 또한 현관 주변 또는 현관에 사람이 들어와서 바로 보이는 곳에 액자나 그림을 걸어 놓는 것도 좋지 못하며, 들어오자마자 거실이 훤히 보이는 것은 좋지 않은 구조다.

특히 요즘 아파트에 가면 탁 트인 거실을 좋은 곳이라고 소개하는 것이 많고 그런 집이 상당히 늘고 있는데 물론 들어가자마자 넓고 탁 트인 거실이 있으면 보기에는 좋을지 모르나 기운이 골고루 방안까지 가기에는 어렵다.

또한 손님이 오면 보통 거실에서 담화를 나누면서 다과를 즐기는 경우가 대부분이라 좋은 기운을 원치 않게 손님이 다 가져갈 수도 있다. 그렇기 때문에 위와 같은 거실은 피하는 것이 좋다.

생활풍수 6

:: 자(子) 방향에는 공부하는 학생의 책상을 절대 두지 마라

자(子) 방향에 공부하는 학생의 책상을 두면 그 학생은 30분만 지나면 몸이 나른해지고 눈꺼풀이 한없이 내려오곤 한다. 그 이유는 북(北)을 뜻하는 자(子) 방향은 시계방향으로 치자면 12시 방향이고 동양철학에서 밤 11시 30분에서 새벽 1시 30분을 의미한다.

그럼 사람이 이 시간에 무엇을 하는가? 그렇다. 대부분에 사람은 이 시간에 잠을 잔다. 그렇기 때문에 공부하는 학생의 책상은 자(子) 방향에 두면 공부를 효과적으로 할 수 없을 뿐 아니라 능률도 오르지 않는다. 반대로 불면증에 시달리는 사람은 침대를 이 방향에 두면 쉽게 잠을 이룰 수 있으며 편히 잠을 잘 수 있다.

이처럼 우리가 아무 생각 없이 가구를 배치하고 올바르지 못한 구조에서 생활을 하고 있음에도 불구하고 잘 모르는 경우가 일반적이며 왜 하는 일이 잘 안되는지 몰라서 엉뚱한 것(부적이나 굿)만 하고 돈을 낭비하는 경우가 많은데 이러한 풍수를 조금만이라도 알면 큰돈 들이지 않고도 대처할 수가 있다.

‖ 생활풍수 7

:: 높은 집에 살면서 좋은 기(氣)가 오기를 바라지마라

기(氣)는 눈에 보이지 않고 손에 잡히지 않는다고 해서 바람
(空氣)과 같은 존재로 알고 높은 건물도 잘 올라갈 것이라고 생
각하는 것이 일반적인데 실은 그렇지 못하다. 기(氣)는 건물의
높이가 4층 이상이 되면 아무리 좋은 자리의 기운이라도 그 기
운(氣運)을 받기는 어렵다고 봐야 한다. 그렇기 때문에 높은 층
에 살면서 좋은 기운을 받으려고 하는 것은 무리이며 오히려 높
은 층은 사람의 인체에도 해롭고 특히 신생아에게는 아주 좋지
못하다. 좋은 기운을 받고 싶다면 아파트에서 내려오라.

:: 바쁘더라도 일주일에 한 번은 흙을 밟아야 한다

사람은 적당한 더위와 적당한 추위를 겪으며 생활을 해야만 자율신경을 자극하여 육체적, 심리적 스트레스를 이겨낼 수 있는 항 스트레스 호르몬 분비를 원활하게 하므로 정신적인, 신체적인 건강을 유지할 수 있는 것이다.

그리고 맨흙을 밟음으로써 흙의 기운(氣運)이 인체 내의 기(氣)와 하나 되어 모든 신진대사가 원활해지고 각 부위의 기능이 정상적으로 활동하게 되는 것인데 물론 이때 산속의 자연의 흙을 밟으면 땅의 기운뿐만 아니라 각종 미생물의 자극과 나무에서 뿜어내는 피톤치드 그리고 푸른 풀들이 외부로 내보내는 엽록소를 함께 호흡하여 마신다며 어떤 한 건강식품보다 더 월등히 건강에 유익할 것이 분명하다.

특히 엽록소는 햇볕이 아주 강한 낮 12시에서 1시에만 나오는데 그 이유는 강한 햇빛으로 하여금 풀이 타 말라 비틀어지는 것을 스스로 막기 위해 자구책으로 엽록소를 밖으로 내보낸다. 그 엽록소가 사람에게 아주 좋으며 풀이 땅의 기운을 머금고 있기 때문에 엽록소와 같이 기운이 밖으로 나오게 된다.

그렇기 때문에 아무리 바쁘더라도 일주일에 한 번은 자연 속에서 큰 호흡을 하는 것도 좋은 풍수의 기운을 얻어 가는 것이다.

생활풍수 9

:: 애가 들어서지 않으면 전원주택으로 이사 가라

도심에서 좋은 풍수의 기운을 얻기는 쉽지 않다. 더더욱 스트레스로 인한 현대인은 갈수록 체력이 고갈되고 정자 수도 현저하게 줄고 있다고 의학계에서 밝힌 바 있다.

또한 담배와 술은 현대인에게는 기호식품이고 자주 즐기는 것은 물론이고 아예 술과 담배에 찌들어 있는 사람도 상당수다. 이런 상황에 아기가 잘 들어서면 오히려 이상한 일이 아니겠는가?

정말로 자손을 원한다면 술 담배를 끊고 전원주택으로 이사 가라. 그러면 당신에게 좋은 소식이 들려올 것이다.

:: 잘 되는 집은 아이도 많고 좋은 기운(氣運)이 잘도 온다

주위를 잘 한번 살펴보자. 잘 되는 집은 아이들도 많고 화목하다. 물론 100% 꼭 맞는 이야기는 아닐지도 모른다. 순금도 99.99%인 것처럼 세상에 100%는 없다. 하지만 자세히 들여다보면 대체로 그렇다. 요즘 독거노인이 많아 사회문제가 되고 있고 그 독거노인들이 쓸쓸히 홀로 세상을 떠나도 아무도 모르고 있다가 우연히 구청에서 직원이 나와서 보름 만에 발견되는 일들이 심심찮게 벌어지고 있는데 정말 이상한 것은 그 노인 중에 자녀가 있는 분도 있지만 없거나 둘 이상 있는 사람을 찾기 힘들다는 것이다.

그러면 지금 77세 이상 되시는 분들의 시대에는 보통 3명 이상 낳는 것은 기본이고 많게는 6~7명도 낳아 기르는 시대였다. 그때는 낙태라는 것이 쉬운 일도 아니었고 임신을 하면 그냥 낳아야 하는 줄 아는 시대였는데 그런데도 그 시대에 아이가 없거나 하나둘이라면 이미 젊었을 때부터 좋은 기운을 받고 제대로 된 생활을 하고 있었다고 보기는 힘들다.

돈이 많고 적고를 떠나서 말이다. 잘 되는 집은 아이들이 많다. 물론 요즘 젊은 세대는 3포 시대라고 연애와 결혼 그리고 애

낳는 것을 포기했다는 말을 종종 듣는다.

그 이유는 돈이었다. 취업이 힘든 상황에 연애할 돈 마저 구하기 어렵고 결혼도 큰돈이 들어가고 애를 낳아 기르는 것도 그 모든 것이 돈이 들어가니 포기한다는 세상에 이르렀고 사는 것은 갈수록 어렵고 힘이 든다.

하지만 힘이 들수록 위를 쳐다보고 노력해야 한다. 그래야 좋은 기운도 들어오는 것이다. 경제가 되살아나지 않고 사회가 힘들고 집안의 가계(家計)가 어렵다고 해서 아이를 안 낳는 것은 크게 잘못된 생각이며 하나는 알고 둘은 모르는 처사다. 그 이유인즉 아이는 순수하고 맑은 기운을 가지고 있고 좋은 기운을 불러들이기 때문이다. 아이로 인해서 가정에 좋은 기운이 감돌며 그로 인한 안 좋은 기운도 누르는 역할을 하기에 가정에 아이는 많으면 많을수록 좋다.

당장 키우지 않아도 되니까 편하고 또 돈이 들어가지 않으니까 수월할지는 몰라도 아이가 없으면 안 좋은 기운은 무엇으로 막을 것이며 노후에 쓸쓸하게 세상을 떠나는 독거노인이 되지 않는다고 누가 보장하겠는가? 아이 하나의 기운이 좋은 기운을 가지고 있는 열 사람의 어른보다 낫다는 것을 절대 잊어서는 안 된다.

:: **아이를 많이 낳아서 맨발로 맘껏 뛰놀게 하라**

앞에서도 말한 바 있지만 아이들은 기운이 강(强)하고 맑다. 이러한 아이들의 좋은 기운과 함께 지기(地氣)의 기운까지 집에 가지고 들어오니 금상첨화다. 내가 어릴 때만 해도 땅바닥에 맨발로 뛰노는 아이들을 쉽게 볼 수 있었지만 요즘은 보통 보기 힘들뿐만 아니라 아이들을 보는 것도 학교 운동장 근처나 가야지 어디에나 쉽게 보기는 드물다. 한국뿐만 아니라 이웃 나라 일본도 상황은 마찬가지인데 10년 넘게 일본생활을 한 본인의 기억을 더듬어 봐도 아이들을 길거리에서 본 적은 매우 드물었다.

왜냐면 한국이나 일본이나 OECD 국가 중에 저 출산율 1, 2위를 달리며 앞서거니 뒤서거니 하고 그 상황은 날로 심각해져서 나라에서 방법을 강구해도 좀처럼 해결되지 않는다. 풍수에서 왜 이런 이야기를 하냐면 아이들의 기운이 강하고 맑아서 가정 내(家庭 內) 나쁜 기운을 막아주고 좋은 기운을 감돌게 한다고 한 것은 집에만 국한되어 있는 것이 아니기 때문이다.

이 아이들이 커서 나라의 일꾼이 되는데 먼 훗날 일할 노동력이 없다면 그 나라는 어떻게 되겠는가? 20년 전 일본의 전문가들은 앞으로 젊은 노동력이 부족하고 노인이 증가하는 것을 우려했으며 자칫 잘못하면 외국의 노동력을 빌려와야 한다고 했었다. 전문가들의 예견은 그대로 들어맞았고 현재 350만 명의 외국인 노동자들이 일하고 있으며 3D 직종에 종사하는 불법체류자를 포함한다면 그보다 더 많은 수다.

아이를 낳지 않고 인구감소가 계속되고 노령화가 지속된다면 어떤 나라도 미래는 없다. 즉 국운(國運)이 아이들에게 달려 있는데 몸매 망가진다고 안 낳고 키우기 어렵다고 안 낳고 돈 많이 든다고 안 낳으면 나라는 나라대로 쓰러져 가고 외롭게 쓸쓸하게 세상을 떠나는 독거노인은 날로 증가하여 손을 쓸 수 없는 지경까지 갈 수 있으며 그 노인이 바로 당신이 될 수 있다는 것을 명심하라.

| 생활풍수 12

:: 수맥이 흐르는 곳은 절대 피해라

수맥이란 말 그대로 물이 지나가는 길이다. 이 수맥이 지나가는 길은 그 파장으로 인체에 좋지 않은 영향을 미치기 때문에 집 밑으로 수맥이 흐르는 집은 피해야 한다고 말을 했더니 어떤 나그네 왈 배관을 설치해서 집 밑으로 물이 내려가고 땅 밑에 온통 하수도인데 대한민국에서 물이 지나가는 위에 살지 않는 사람이 어디 있냐며 목청을 한껏 올린다. 물론 맞는 말이다. 그러나 풍수에서 말하는 수맥은 인위적으로 만든 하수도를 말하는 것이 아니고 자연적으로 생겨나 있는 물줄기를 말하는 것이다.

수맥이 흐르는 곳은 그 파장(水脈波長)에서 나오는 전자파가 극(極)에 달하면 방사선 즉 엑스레이 찍을 때 나오는 방사능과 같은 유해물질이 발생하여 인체에 아주 좋지 않은 것을 이야기하고 있는 것이며 그러한 곳 위에 위치한 집에서 생활하게 되면 잠을 자도 숙면을 취할 수 없고 항상 몸이 나른하고 피곤해서 매사에 의욕을 잃기 쉽다. 그렇기 때문에 수맥이 흐르는 곳은 절대 피하라는 것이다.

산송역수와 생활풍수

생활풍수 13

:: 별장을 지을 때 땅 기운이 좋은 터

별장을 지을 때 좋은 터로는 첫째 산자락이 감도는 안쪽의 터가 가장 좋은 터다. 이때 비교적 경사가 없고 완만한 터가 좋으나 10도에서 15도는 괜찮다. 주변 산들이 수려하고 뒤쪽이 높고 앞쪽이 낮은 곳이 좋으며 물이 집 뒤로 흐르지 않는 터야만 좋은 터라 할 수 있다. 또한 좌우로 물이 터를 치고 흐르거나 개울이나 강이 접하지 않은 터가 좋다. 또한 주변 산새가 말굽 모양이나 병풍 모양으로 되어 있다면 최고의 기운을 받는 터라고 보면 된다.

:: 별장을 지을 때 좋지 않은 터

- 뒤쪽이 낮고 앞쪽이 높은 터
- 경사가 급하고 축대를 쌓아 놓은 터
- 산자락이 배역하는 산 옆구리의 터
- 절벽이나 절벽 아래의 터
- 골짜기를 메웠거나 고른 터

- 모래땅 자갈밭 웅덩이가 있는 터는 흉하다

　위에서 나열한 터는 좋지 않은 터이므로 피해야 하며 그런 터 위에 집을 지으면 앞일이 흉흉하며 건강을 잃을 수 있으니 반드시 참고해야 한다.

생활풍수 14

:: 집의 허(虛)와 실(實)

실(實)

집안이 작고 아담하며 실제로 주거하는 사람이 많으면 그 집에는 좋은 기운이 감돌아서 아주 좋고 집의 대문이 크지 않은 것이 바람직하다. 집주변에 동남쪽으로 물이 흐르고 바람의 막힘이 없고 햇볕이 잘 드는 곳이 좋다. 집의 담장이 너무 높지 않고 집안에 나무가 잘 자라고 반려견이 있으면 금상첨화다. 개는 집안의 안 좋은 기운을 내보내는 역할을 하고 귀신(鬼神)을 못 들어오게 하는 힘을 가지고 있으니 반려견 한두 마리는 필수다.

허(虛)

집은 큰데 가족이 적으면 좋지 못하고 집이 넓다고 연못을 만드는 사람들이 종종 있는데 집안에 연못이 있으면 식구 중 바깥에서 객사하는 경우가 있다. 예를 들어 자식이 해외 유학 중인데 현지에서 교통사고로 사망한다든가 군 복무 중인데 사고가 난다든가 하는 것이 있으므로 연못은 절대 만들지 말아야 한다.

대문이 집에 비해 너무 크고 높게 솟아 있다면 아주 좋지 못하다. 또한 출입문을 많이 만들지 않도록 하며 대문이 산 쪽을 바라보고 있으면 산의 기운으로 충살(沖殺)이 될 수 있으니 주의해야 한다.

산송역수와 생활풍수

▎생활풍수 15

:: 각 방위에 의한 에너지의 특성

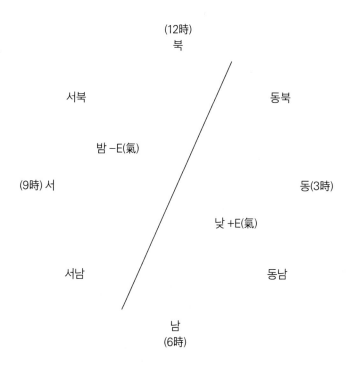

위의 방위와 같이 8방위E를 동북방위(艮) 중심선과 서남방위
(坤)의 중심선을 축으로 하여 +E와 −E로 나눈다.

1. +E는 태양이 뜨기 시작하여 만물을 생육, 생조하는 E가 가장 강력한 기운을 가지고 있을 때다.

2. +E는 동적(動的)인 E로써 능동적, 적극적, 활동적인 요소의 E로써 주로 육체적인 영향을 미친다.

3. −E는 정적(靜的)인 E로써 소극적, 안정적, 요소로써 주로 정신적인 것에 많은 영향을 미친다(작가들이 주로 밤에 글을 쓰는 이유가 여기에 있다).

4. 창문의 크기는 +E쪽은 크게 하고 −E는 작게 만들어야 좋다.

북쪽 방위(坎) 에너지 특성

1. 북쪽 방위는 수(水)의 기운이 강한 방향이다. 그렇기 때문에 사주의 수(水)기운이 약(弱)한 사람은 침대를 북쪽으로 하면 아주 좋으며 북쪽은 건강과 명예를 주관하는 방위이라 건강이 좋지 않은 사람은 북쪽에 침대를 두거나 북쪽에서 잠을 자면 회복이 빠르다. 사람이나 동물이나 몸이 아프면 잠을 많이 자게 되는데 그 이유는 수면을 취하므로 기력이 회복되기 때문이고 몸속의 기능을 쉬게 해야 하기 때문인데 북쪽은 앞에서 말한 바 있지만 간(艮) 방향이자 자(子) 방향이다. 자는 밤 11시 30분에서 새벽 1시 30분을 말한다. 즉 자는 방향이라 학생의 책상을 이 위치에 두지 말라

고 한 것이 기억날 것이다. 또한 명예욕이 있는 사람과 승진

을 간절히 원하는 사람은 이곳에 침실을 두면 아주 좋다.

2. 북쪽의 에너지는 내성적인 사람이 북쪽침실을 사용한다면

우울증이나 대인기피증이 생길 수도 있으므로 내성적인

사람은 피하는 것이 좋다.

3. 북쪽 침실을 부부침실로 사용한다면 부부가 건강한 성생

활을 할 수 있으며 사이가 좋아진다.

남쪽 방위(離) 에너지 특성

1. 남쪽 방위는 화(火) 기운이 강한 방위이다. 때문에 몸에 열

이 많은 사람이 이쪽으로 침실을 두면 심장병 또는 화병으

로 제 명에 못 산다. 이 방위는 강렬하고 뜨겁고 열정적이고

역동적인 에너지다. 이 방위에는 외형적인 사람은 좋지 못

하다. 그렇지 않아도 활동적인 사람인데 더욱 기운이 강해

지면 불 속에 휘발유를 붓는 격이 되니 사건 사고가 끊이지

않고 신고(身苦)하게 된다.

2. 사랑이 식은 부부나 남녀에게는 아주 좋다.

동쪽 방위(震) 에너지 특성

1. 동쪽 방위는 해가 뜨는 방위이므로 태양의 기운이 가장 충만하고 신선하고 생명력이 강한 에너지의 방위이다.

2. 의기소침한 사람이나 자신감이 없는 사람에게 아주 좋은 방위이다.

3. 이 방위에 침실을 두면 젊은 부부에게는 좋으나 중년 이후의 부부에게는 부적합하다. 신경질적으로 변할 수 있다.

4. 이 방위에 주방을 두면 음식이 신선한 에너지로 가득하여 가족들의 건강에 아주 좋고 생기가 부족한 여성은 활발해진다.

서쪽 방위(兌) 에너지 특성

1. 서쪽 방위는 금(金) 기운이 강한 방위이다. 금속과 관련된 일을 하는 사람에게 더할 나위 없이 좋은 방위이며 재산을 늘리기 위한다면 이 방을 안방으로 정하는 것이 좋다.

2. 이 방위는 수면과 휴식을 돕는 방위이다. 즉 재충전에 좋은 방위이므로 불면증이 있거나 고민이 있어 잠 못 이루는 사람이 이 방위에 침실을 두면 아주 좋다.

서북 방위(乾) 에너지 특성

1. 서북방향의 에너지는 권위와 파워가 강한 에너지의 방위이다. 남자의 방향이라고 할 수 있겠다. 그러므로 여성의 용도로 쓰는 것은 좋지 못하다.

동북 방위(艮) 에너지 특성

1. 동북 방위는 시간으로 따지면 밤 2~4시 사이로써 -E가 끝나고 +E가 시작되는 정점의 E방위이므로 시작과 변화를 의미하는 방위이다.
2. 옛날부터 이 방위에는 귀문(鬼門)이라 하여 화장실을 두면 아주 흉(凶)하다고 절대 화장실을 이 방위에 만들지 않았다.
3. 이 방위에 침실을 두면 길흉의 기복이 심하고 가족 문제, 질병, 사고가 발생하기 쉽다.

동남 방위(巽) 에너지 특성

1. 동남 방위는 태양이 떠올라 어둠에서 환한 아침이 되니 상쾌하고 가장 좋은 기운의 에너지 방위라고 할 수 있다.
2. 동남 방위의 침실은 젊은 부부에게는 최고의 방위이며 미적 감각도 좋아진다.

3. 음식 역시 천지인(天地人)의 에너지가 스며들어 최고의 영양식이 되며 가족의 건강이 항상 되고 용띠, 뱀띠에게 상당히 좋은 방위이다.

서남 방위(坤) 에너지 특성

1. 서남 방위는 안정적이고 침착한 분위기의 방위이다. 따라서 곤(坤) 어머니의 방위라고도 하며 이 방위에 침실을 두면 공직자나 교육자에게는 최고로 좋은 방위이다.
2. 이 방위에 침실을 두면 양띠와 원숭이띠에게 아주 대길하다.

:: 주방과 욕실 방위

1. 주방에 의한 각 방위의 에너지

현재는 과거와 달리 풍요로운 시대를 맞이하여 주거 문화의 발전과 더불어 음식의 맛과 영양에 대해서 중요성을 높이 평가하고 있다. 중요한 에너지를 제공해 주는 음식을 만드는 곳이 주방이므로 그 중요성은 매우 크다고 볼 수 있다.

옛날에는 주방이 생활공간 밖에 있었다. 그 이유는 불을 사용하기 때문에 위험하기도 하고 냄새도 많이 나고 물과 불의 이용이 많기 때문에 자칫 곰팡이가 생기는 등 세균번식의 우려가 있어서 과거에는 주방이 밖에 주로 있었는데 하지만 근래에 들어서는 생활공간 안에 주방이 설계되어 위에서 말한 여러 가지 문제들이 있어 각별히 주의를 해야 한다.

주방의 방위 에너지에 따라 방위의 특성 에너지가 음식에 함유되고 이것은 곧 음식의 맛을 좌우하게 되는데 음식의 맛은 식욕을 좌우하므로 건강과 직결된다. 또한 건강은 다시 운세를 좌우하게 되니 주방의 위치가 얼마나 중요한지 짐작할 수 있을 것이다.

동쪽(震)의 주방

아침 햇살이 드는 주방에서 만든 음식은 신선하고 능동적인 +E가 음식에 흡수되어 가족들이 생기발랄하고 특히 주부는 의욕적이고 생기가 넘치게 된다.

서쪽(兌)의 주방

오후의 해가 지는 서쪽 방위의 주방은 만든 음식이 맛과 신선도가 감소하며 수동적인 −E가 음식에 흡수되어 가족들은 생기를 잃게 되고 건강 또한 좋지 못하며 휴식을 하고 싶게 되는 현상이 온다.

남쪽(離)의 주방

남쪽 주방에서 만드는 음식은 너무 강한 태양 E가 넘치기 때문에 오히려 자극이 강해서 강한 E가 흡수된 음식을 먹으면 가족이 안정되지 못하고 들떠 있게 된다. 뿐만 아니라 주부는 사치와 낭비가 심해진다.

북쪽(坎)의 주방

북쪽의 주방에서 만든 음식은 성실, 근면의 -E를 흡수하여 알뜰한 살림을 사는 사람, 꾸준한 노력으로 행복한 가정을 만드는 사람, 대기만성의 사람을 만든다. 그러나 내성적인 주부는 이 방위의 주방을 피하는 것이 좋다 그 이유는 병약해 질 수 있기 때문이다.

동북쪽(艮)의 주방

동북쪽에 사람이 빈번하게 드나드는 것은 좋지 못하므로 주방으로는 적합하지 못하고 동북이 불안정하면 금전 운이 좋지 못하기 때문에 안정시킬 필요가 있다.

서남쪽(坤)의 주방

서남쪽의 주방에서 일하는 주부는 자상하고 조용하고 조심스러우며 안락한 가정을 만든다. 그러나 지나친 구두쇠가 되기 쉬우므로 주의가 필요하다.

서북쪽(乾)의 주방

서북은 남성의 방위이므로 주방으로는 절대 금물이다. 만약 주방으로 사용하면 집안의 질서는 무너지고 남자 가장의 사회적인 명예도 떨어지고 주부의 성격이 남성화가 되고 과부가 될 확률이 높다.

동남쪽(巽)의 주방

동남쪽의 주방은 여성에게 최고의 건강과 행운을 주는 방위이다. 동남쪽의 하루를 시작하는 신선한 기운이 충만하고 천지인(天地人)의 +E가 음식에 흡수되어 가족의 건강은 만점이며 좋은 행운을 가져다준다.

욕실과 화장실의 방위 에너지에 의한 길흉

욕실과 화장실 역시 현대 주거문화생활에서는 동일한 입체의 주거 공간에 있으므로 방위 E의 특성을 고려하는 것이 합리적이며 손해 볼 것이 없다. 또한 이곳은 항상 청결을 유지해야 하며 남녀의 이성 문제가 발생하기 쉬우므로 특히 주의해야 된다.

산송역수와 생활풍수

서쪽 욕실

서쪽 욕실은 재(財), 태(兌)의 에너지로써 습기가 많으면 나쁜 쪽으로 작용을 하기 때문에 항상 유의해야 하며 특히 유시(酉時)에 해당 한다. 유시는 저녁 7시로써 해가 막 저문 후이다. 서쪽에 욕실을 두게 되면 주부가 자주 씻게 되고 성욕이 강해지므로 하루가 멀다 하고 성관계를 요구할 터인데 젊은 부부야 상관없지만 중년이 넘은 남성은 많이 피곤하며 이를 충족시켜 주지 못하면 급기야 여성이 불륜에 빠질 수도 있으니 주의해야 한다.

북쪽 욕실

북쪽은 근본(根本) 에너지가 수기(水氣)이므로 사주에 화(火) 기운이 많아서 흉으로 작용하는 사람에게는 매우 좋은 욕실이다. 불이 활활 타면 좋을 수도 있지만 너무 심해서 다 타들어 가면 좋을 것이 없다. 넘치면 부족한 것보다 못하다는 옛말이 있듯이 너무 지나치는 것은 좋지 못하다. 그렇기 때문에 화(火) 기운이 강한 사람은 북쪽에 욕실을 두고 북쪽의 수(水) 기운의 극(剋)을 받아서 어느 정도 눌러주는 것이 아주 좋다.

남쪽 욕실 또는 화장실

남쪽 욕실은 가장의 혈압에 이상이 생길 수 있으므로 주의가 필요하다.

동북쪽 욕실 또는 화장실

동북쪽은 −氣와 +氣가 변화하는 방위이므로 돌발사고가 올 수 있기 때문에 기본적으로 이 방위에는 욕실과 화장실을 두지 않는다.

북쪽 화장실

북쪽은 근본 에너지가 수기(水氣)이기 때문에 이 방위로 화장실을 두면 신장, 방광염에 주의해야 한다.

서북쪽 화장실

밤늦게 화장실 갈 일이 많아질 수 있으니 주의를 요한다.

서남쪽 화장실

서남쪽도 에너지의 변환점이기 때문에 좋지 못하다.

동쪽 화장실

　동쪽에 화장실을 두면 변비가 있는 사람은 변비로부터 해방이 되고 +氣가 생(生)이 되어 오장육부의 기능이 원활해지며 시원하게 잘 배출이 되어 대장에 이상이 생길 일도 없고 남자는 전립선으로 고생할 염려가 전혀 없으며 참 좋은 방위의 화장실이라 하겠다.

| 생활풍수 17

:: **그림에 관하여**

이번에는 그림에 관해서 이야기하려 한다. 예전에 못사는 시절에는 집안에 비싼 그림을 걸어 둔다는 것 자체가 사치고 쉽지 않았지만 요즘은 세상이 살기 좋아지고 풍요로워져서 값비싼 그림을 거실 또는 방에 걸며 집안이 잘 되기를 기원하기도 하고 혹은 꼭 뭔가 잘 되기를 바라지 않더라도 취미로 값싼 그림을 한두 점을 걸어 놓는 것은 그리 어려운 일이 아니기 때문에 많이들 걸어 놓는다. 결론부터 이야기하자면 걸어도 되는 것과 걸지 말아야 되는 것이 있기에 정확히 알고 걸어야 집안에 아무런 문제가 일어나지 않으며 좋은 취지로 걸어 놓은 것이 오히려 안 좋은 일을 초래하는 불상사가 없다.

우선 꽃 그림이나 밝은 계통이 그림은 괜찮다. 그러나 계곡이나 절벽 또는 어두운 계통의 그림은 좋지 않은 기운(氣運)이 전해질 수 있으니 되도록 삼가는 것이 좋다.

그리고 동물 그림이 좋다고 호랑이 그림을 걸어 두는 데 호랑이 그림이 모든 집안에 다 좋은 것은 아니다. 예를 들어 역학(易學)에서 호랑이는 인(寅)인데 집안에 원숭이띠의 신(申)의 사주를 가지고 있는 사람이 있다면 인신충(寅申冲)이 되어 건강상에 문제나 아니면 관재수, 사고수가 생겨 오히려 화를 당할 수 있는 가능성이 있기에 조심해야 할 것이며 같은 예로 말 그림도 집에 쥐에 해당하는 자(子)의 띠를 가진 사람이 있다면 자오(子午)가 충(冲)되어 좋지 않은 일들이 일어날 수가 있다.

뿐만 아니라 자(子)의 띠를 가진 사람이 을미년 새해라고 양의 그림을 걸어 둔다면 자미(子未)가 원진(元嗔)이라서 서로 상극(相剋)이니 결코 좋을 리가 없는 것이다. 물론 충(冲)이라고 해서 반드시 좋지 않은 작용만을 하는 것은 아니고 좋지 않은 작용과 좋은 작용 반반의 작용을 한다. 하지만 길운(吉運)은 그냥 지나가도 악운(惡運)은 절대 그냥 지나치는 법이 없으므로 걸지 않는 것이 맞다고 보면 되는 것이다. 좋은 일이 생기면 좋지만 안 생겨도 그다지 나쁜 것은 없으나 안 좋은 일은 안 생기는 것이 좋은 것 아니겠는가.

그렇기 때문에 동물 그림은 걸지 않는 것이 좋고 꼭 그림을 걸어야 한다면 푸른 식물과 꽃의 그림을 거는 것이 좋다.

맺음말

　많은 사람이 보이지 않는 본인의 앞날에 대해 불안해하고 또 궁금해서 역술인이나 무속인들을 자주 찾고 있는 것이 현실이다. 그렇기 때문에 20만 명에 달하는 역술인과 무속인이 먹고살고 본인도 그중에 한 사람이기에 그저 감사할 따름이다. 그러나 사람들이 알아야 할 것이 하나 있다. 사람이 태어날 때부터 타고난 운명(運命)이 있다고는 하나 본인의 의지와 노력으로 어느 정도는 방향을 틀 수 있다는 것이며 즉 반드시 운명대로만 살아야 하는 것은 아니라는 것이다.

　본인이 사람들의 운명감정을 하며 느끼는 것이 참으로 많은데 그중에서 가장 많이 느끼면서 아쉬웠던 점은 자신의 궁금한 미래를 알고 싶은 것은 좋으나 그 결과에 너무 집착한다는 것이다. 특히 좋은 기운(氣運)이 있어서 모든 일이 잘 풀린다고 하면 기존의 하던 노력을 대폭 감소하는 사람들과 안 좋은 운이 있어서 말해주면 아예 포기하는 사람이 의외로 많아 안타까울 때가 한

두 번이 아니다.

운명을 보는 이유를 동력이 없는 돛단배에 비유한다면 돛단
배는 동력이 없으므로 바람이 없으면 움직이지 못한다. 그럼 어
디에서 언제 바람이 분다는 것을 미리 알면 배를 거기에 가져다
대어 배를 움직일 수 있는 것이고 그 바람의 탄력을 받아 앞으
로 쭉쭉 나갈 수 있다.

또한 어느 사람이 내일 대중교통(大衆交通)을 이용하다 크게
다친다고 하자 하지만 전날 미리 알고 다음 날 집밖에 그 어디에
도 나가지 않았다고 했을 때 이 사람은 대중교통으로 다칠 일이
없다. 이처럼 좋은 기운은 크게 활용을 하라는 것이지 두 손 놓
고 가만히 있어도 된다는 이야기가 아니다.

나쁜 것도 마찬가지다. 더욱 조심하고 피해갈 수 있다면 피해
가자는 뜻이지 포기하거나 부적을 사라는 의미가 아니다.

아무쪼록 사람들이 운명에 너무 연연하지 말고 노력으로 더
욱 힘차게 인생을 개척해 나아가기를 바라며 이 글을 마친다.